新規事業を成功させる知財活用法

ふわっとしたアイデアからはじめる

弁理士

加島 広基

KASHIMA Hiromoto

著

中央経済社

はじめに

　近年，新たな価値の創造や技術革新が加速しており，大企業から中小企業，ベンチャー，スタートアップに至るまで新規事業の創出が不可欠な要素となっています。市場の変動やテクノロジーの進化，さらには消費者の意識の変化は，事業の生き残りそのものに深く関わる大きな影響を及ぼしているといえるでしょう。このような時代の中で，組織の成長と継続的な成功を追求するためには，未来を見据え，その未来から新たなアイデアを引き出すことが必須となります。

　では，どのようにしてその「未来」を予測し，その中からビジネスチャンスを見つけ出すことができるのでしょうか。そして，未来を予測する中で得られた「ふわっとしたアイデア」，具体的には実際に製品やサービスの販売が開始される前の段階で考え出された着想的アイデアをどうやって具体的なビジネスに落とし込むのか。本書では，その答えを知的財産の面から探っていきたいと思います。

　ふわっとしたアイデアを形にする際，企業の大きな武器となるのが知的財産（以下，「知財」ともいいます）です。特許権，意匠権，商標権，著作権などの知的財産権は，アイデアを保護し，競争優位性を獲得するための強力なツールとなります。特に新規事業の創出においては，知財を積極的に活用することで，イノベーションを促進し，ビジネスチャンスを最大限に伸ばすことが可能となります。

　本書では，未来社会の予測から始まり，ふわっとしたアイデアをビジネスモデルに落とし込む過程，そしてそのアイデアを実際のビジネスに変えるための知財戦略までの一連のフローを解説します。また，近年はオープンイノベーションの重要性が増しています。オープンイノベーションとは，企業内外のリソースや技術，知識を活用して新しい価値を創出する手法のことを指します。しかし，オープンイノベーションを遂行する際には，他社との契約の内容が重要になります。とりわけ，中小企業やベンチャーが大企業と連携する場合は，一

方的に不利な契約を締結させられる場合もあります。このような契約面のトラブルを防ぐために，本書では秘密保持契約や共同研究開発契約といったオープンイノベーションで必須となる契約についても解説します。

　さらに，最近は新規事業においてChatGPTに代表される生成AI等のAIを活用するケースが増えてきています。生成AIは，テキスト，音楽，画像などのコンテンツの自動生成やデータの解析，予測など多岐にわたるタスクに活用されることが増えてきました。これらの技術がビジネスの現場で採用されることが増える中，知財の観点からの保護や取り扱いについての課題や疑問も増えてきています。加えて，将来はAIが独自に新しいアイデアや発明を生み出すことも可能になるのではないかと言われています。このようなAIと発明や特許権との関係について，知財制度はどのように対応するのかについても本書で詳しく述べています。

　読者の皆様がこれからの時代において，新規事業の創出を行うにあたり本書が新しい価値を創出し継続的な成功を追求するための一助となれば幸いです。

2024年4月

加島　広基

目　次

第 **1** 章

ふわっとしたアイデアから 新規事業を生み出す

1　近年の日本を取り巻く環境

　近年，日本の経済成長の停滞が大きな問題となっています。バブル崩壊後1991年から今日に至るまでの約30年間は平均経済成長率が0.7%と低迷し，失われた30年と言われています。この停滞には複合的な要因がありますが，その中の１つに日本企業は諸外国の企業と比較して新製品や新たなサービスを生み出せず，十分な売上を確保できていないことが挙げられます。

　2021年６月に内閣府より作成された成長戦略実行計画によれば，製造コストの何倍の価格で販売できているかを示すマークアップ率はG７諸国の中で一番低くなっており，また，米国企業や欧州企業は2010年以降に急速にマークアップ率が上昇する一方，日本企業は2010年度以降も低水準で推移しています。

　このように，日本企業が付加価値の高い新製品や新サービスを生み出し，高い売上を確保できる付加価値を創造することで，労働生産性の向上を図ることが求められています。

　このようなニーズに呼応するよう，日本でもここ10年ほどで多くのベンチャー，スタートアップが誕生し，その中からは国内外での成功を収める企業も現れました。コロナ禍の影響で一時的な落ち込みがあったものの，ベンチャーへの投資は年々増加しています。特に，フィンテック，ヘルスケア，AI技術を活用したサービスなど，多岐にわたる分野でのイノベーションが目立っていま

［図表1-1］マークアップ率の国際比較および推移

① マークアップ率の国際比較（2016年）　② 先進国企業のマークアップ率の推移

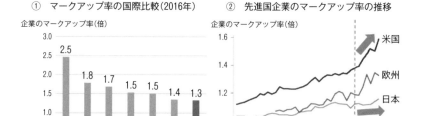

出所：首相官邸成長戦略ポータルサイト「成長戦略実行計画」（2021年6月18日）
（https://www.cas.go.jp/jp/seisaku/seicho/pdf/ap2021.pdf）

す。また，政府や地方自治体もベンチャーの育成を支援する施策を強化してお
り，2022年の年頭記者会見にて岸田総理が「スタートアップ創出元年」を宣言
して「骨太の方針2022」（経済財政運営と改革の基本方針 2022）ではスタート
アップへの投資を重点投資分野の柱の1つに掲げる等，官民によるベンチャー
やスタートアップへの支援が加速しています。

［図表1-2］スタートアップを生み育むエコシステムの構築

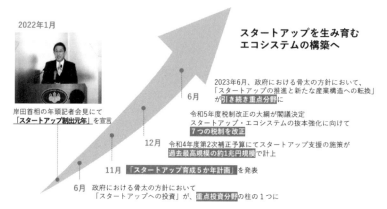

出所：経済産業省「スタートアップの力で社会課題解決と経済成長を加速する」（2023年7月）
（https://www.meti.go.jp/policy/newbusiness/meti_startup-policy.pdf）

2　新たなビジネスモデルを創出するにあたって

新興企業と大手企業，それぞれの利点

　ベンチャーやスタートアップは，従来のビジネスモデルにとらわれない新しいアイデアや技術を持ち込むことで，産業や市場に変革をもたらそうとしています。

　これらの新興企業は，従来の大手企業が見過ごしていた市場のニーズや問題点を発見し，それに対応する新しいビジネスモデルを提案し，新しい市場や顧客層を開拓することを目指しています。また，新規事業の創出や新しいビジネスモデルの採用は，ベンチャーやスタートアップだけでなく，大手企業においても重要なテーマとなっています。

　デジタル技術の進化やグローバル化の進行，消費者のニーズの多様化など，ビジネス環境の変化に対応するため，多くの大手企業がこの分野に注力しています。大手企業の強みは，豊富な資本やブランド力，既存の顧客ベース等を活用して新しい市場やビジネスモデルに取り組むことができる点にあります。また，大手企業は，ベンチャーやスタートアップとの協業やパートナーシップを通じて，新しい技術やアイデアを取り入れる動きも強化しています。これにより，大手企業の資源とスタートアップの柔軟性やイノベーション力を組み合わせることで，新たなビジネスモデルの創出や市場の拡大が期待されています。

そもそもビジネスモデルとは

　ビジネスモデルという概念は，1990年代中盤から後半のIT（Information technology）の発展に伴って広く米国で普及し，日本でも2000年頃から注目が集まり，実務界をはじめ活発な議論がみられるようになりました。ここで，新たなビジネスモデルは，特許や商標等の知財と切っても切り離せない関係にあります。新たなビジネスモデルにより生み出された製品やサービスがヒットし

たときに，競合他社や後発企業に模倣されてしまうとせっかくの利益が大きく減ってしまいます。これに対し，特許権や商標権等の知財権を取得することで，他の企業が同じアイデアや技術，ブランド名等を使用することを防ぐことができます。これにより，新たなビジネスモデルから生まれた製品やサービスの独自性を保ち，競合他社に模倣されるリスクを低減することができます。

　また，特許権や商標権等の知財権は，企業の資産としての価値を持ちます。これらの権利を持っていることは，投資家やパートナー企業にとっても魅力的であり，資金調達や事業提携の際の交渉力を高める要因となります。さらに，特許権等を持つことで，ライセンス供与や技術移転を通じて収益を得ることが可能となります。

3　新たに生まれたビジネスモデルをどのように知財で保護するか

　ここで，新たなビジネスモデルが生まれたときにそれを知財で保護することにより競合他社の参入を防止するサービスの具体的な事例を紹介したいと思います。

回転寿司というイノベーション

　今日では大手チェーン店を中心とした大衆向けの回転寿司屋が増えており，誰でも手軽に新鮮な寿司を楽しむことができるようになりました。かつては高級な料理店や特別な機会にしか味わえなかった寿司を街中のチェーン店で食べられるようになったことは，大きな変革といえましょう。それでは，このような回転寿司のアイデアはどのようにして生まれたのでしょうか。

　回転寿司のはじまりは，昭和30年代前半に元禄産業（株）の創設者である白石義明氏が「廻る元禄寿司」の1号店を東大阪市にオープンした[1]ことであ

1　田埜哲文 原作，二宮亮三 漫画『もうひとつの昭和史 白の本—漫画で読む昭和を生きた偉人伝』（ヤングジャンプ・コミックスJB）集英社，2005年

ると言われています。白石氏は，ビール工場の製造に使われているベルトコンベアにヒントを得て「旋回式食事台」を開発し，高級食の代名詞であった「寿司」を手軽な大衆食にすることによって，今日の回転寿司の基礎を築きあげたとのことです。

　寿司が載った皿をベルトコンベアに乗せて廻す，このアイデアを思い付いたものの，実現させるのが大変でした。ベルトコンベアをどうやってカーブさせ

［図表1-3］　回転寿司の誕生

出所：田埜哲文 原作，二宮亮三 漫画『もうひとつの昭和史 白の本―漫画で読む昭和を生きた偉人伝』（ヤングジャンプ・コミックスJB）集英社，2005年

るかという難題に対し，ベルトではなく扇形に広げたような形のステンレス板を組み合わせ，直角のカーブを回れるようにしたという課題解決方法を実現させるのに4年の歳月がかかったといいます。

　その後，白石氏は「コンベヤ附調理食台」として実用新案権（登録第579776号）を取得。これにより，他社が参入することが難しくなり回転寿司市場は「元禄寿司」の独占状態となりました。また，白石氏はこの実用新案権をもとに全国的に回転寿司店のフランチャイズ展開を行いました。宮城県の企業「平禄寿司」（現：焼肉坂井ホールディングス）に対し，東日本での元禄寿司の営業権契約を与えることにより宮城県仙台市に元禄寿司のフランチャイズ店が開店しました。また，栃木県の企業「有限会社廻る元禄」（元気寿司の前身企業）が栃木県宇都宮市の東武宇都宮駅前に元禄寿司のフランチャイズ店を開店させることにより，関東地方にも回転寿司が広まりました。

　このようにして回転寿司店が全国に広まったのです。その後，1978年に実用新案権の存続期間が終わると，多くの会社が回転寿司市場への参入を始めたといいます。

　また，近年では大手チェーン店のくら寿司株式会社が回転寿司についてさまざまなアイデアを知財で保護しています。たとえば，くら寿司では寿司が載った皿がドーム状の透明なカバーで覆われた状態で運ばれてきます。これにより，

[図表1-4] 抗菌寿司カバー

出所：くら寿司社より提供

埃や飛沫が寿司に付着することを防止しています。また，皿を取り出す際にカバーに手を触れない構造となっているので衛生的です。

　このカバーについて，くら寿司社は，特許権（特許第5416288号）を取得しています。この特許は，ベース部分に皿を載せるとカバーが閉じるとともに，ベース部分から皿を取り出す際にカバーが開くような開閉機構を設けたことを特徴としています。このような特許権をくら寿司社が持つことにより，同業他社は「皿をカバーで覆う」というサービスが展開しづらくなります。

[図表1-5] 抗菌寿司カバーの特許

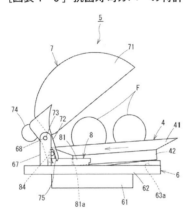

出所：特許第5416288号の図3

　さらに，安全性をより一層高める取組みとして，厨房に設置された紫外線殺菌灯付近を約10秒通過させて紫外線を浴びせます。ここで，カバー自体の材料として紫外線を通さないポリカーボネートを用いることにより，カバー内部にある寿司の品質に影響を与えないようにしています[2]。

　このように，特許権を取得することで，その技術やアイデアの実施を一定期間独占することができ，結果として，他の企業が同じ技術やアイデアを模倣す

2　抗菌寿司カバーの歴史（くら寿司社のウェブサイトより）
　　https://www.kurasushi.co.jp/history/index.html

ることが難しくなるため，市場における競争優位性が維持されるのです。

　また，特許権が築く参入障壁は，企業が研究開発に投資するインセンティブにもなります。イノベーションのリスクを取ることの報酬として，模倣を排除する一定の保護期間が与えられるため，新しい技術の開発や改善に意欲的に取り組むことができるのです。

4　新たなビジネスモデルをめぐり特許紛争が生じることも

　ビジネスモデルの保護を目的とした特許権の取得が広がるとともに，近年では，新たなビジネスモデルをめぐる特許紛争も増えています。

外国為替取引の事例

　その中でも，外国為替（FX）取引におけるIFD注文（イフダン注文）という注文方法について，マネースクウェアHDと外為オンラインの間で激しい特許紛争が生じました。

　イフダン注文は，FX取引において，新規の注文とその注文に対する決済注文を同時に出せる注文方法です。現在の価格からの注文は指値・逆指値，その注文に対する決済は利益確定・損切り，それぞれの注文が出せるため，相場に合わせて使いわけられます。たとえば，［**図表1-6**］で説明するように，現在

［図表1-6］イフダン注文

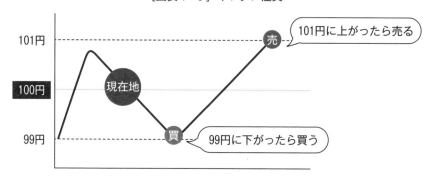

の為替が1ドル100円であるときに，「99円でドルを買えたら101円でドルを売って利益を確定する」という指令の注文をイフダン注文といいます。

　イフダン注文としてさまざまな種類のものがありますが，マネースクウェアHDは，トラップイフダン注文®，リピートイフダン注文®，トラップリピートイフダン注文®等，さまざまな独自の注文方法を編み出しています[3]。これらの各注文方法についてマネースクウェアHDは注文方法に関する特許権を取得することにより，他社に使用させないよう参入障壁を築いています。

[図表1-7] トラップリピートイフダン注文

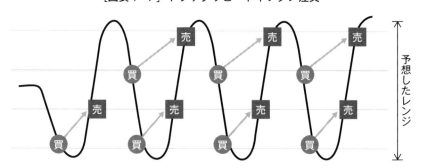

　その中でも，トラップリピートイフダン注文®は，上述したイフダン注文を，一定の値幅内に罠（トラップ）を仕掛けるように等間隔で張りめぐらせて，繰り返し（リピート）出す注文方法になります[4]。イフダン注文自体はFXではメジャーな注文方法ですが，通常は新規注文と決済注文が1セットとなり，両方が成立すると取引が終わってしまいます。このため，全く同じ注文を再び行いたい場合は，新たに発注しなければなりません。

　リピートイフダンは，イフダン注文を自動で何度も繰り返し発注するもので

3　マネースクウェアHDウェブサイト　当社独自の注文（CFD）
　　https://www.m2j.co.jp/cfd/original-order
4　ザイFX！　ウエブサイト「トラリピって，どんなサービス？　しくみ，特徴，デメリットなどを紹介！」
　　https://zai.diamond.jp/articles/-/344774

すが，さらに，予想したレンジの中にリピートイフダンを等間隔で複数設定することによって，24時間，レンジ内のさまざまな水準で利益を獲得でき，為替レートが仕掛けた範囲で推移を続ける限り，利益を積み重ねていくことが期待できるようになります。

　マネースクウェアHDは，トラップリピートイフダン注文®に関連する特許を複数取得しています。これに対し，同業他社の外為オンラインは「サイクル注文」，「ⅰサイクル」という注文方法を顧客に提供していましたが，マネースクウェアHDは自社の特許権を侵害しているとして差止請求等を求めて裁判所に訴えました。マネースクウェアHDと外為オンラインとの間では複数の裁判が行われましたが，最終的には2件の裁判でマネースクウェアHDが勝訴し，「サイクル注文」および「ⅰサイクル注文」の両方についてサービス提供の差止めを命じる判決が言い渡されました[5]。

ゲーム産業の事例

　また，近年はゲーム産業内での特許紛争が顕著に増加しています。この背景には，新しいゲームのアイデアや機能が次々と生まれる中，それらの技術やアイデアを特許で保護しようとする動きが活発になってきたことが挙げられます。各社とも特許権による保護を強化することで，ゲームの仕組みや操作方法等について他社による模倣からオリジナルの技術やアイデアを守ることが可能になります。

　その一方で，新しいゲームを開発する企業や開発者は，すでに存在する特許情報を徹底的に調査する必要があります。これにより，潜在的な特許侵害のリスクを早期に特定し，それを回避する策を講じることができますが，特許紛争がゲーム業界内で過熱すれば他社の特許調査等にリソースが割かれるため肝心のゲーム開発を阻害しかねないとの見方もあります。

5　株式会社マネースクウェアHDプレスリリース「株式会社外為オンラインに対する勝訴判決のお知らせ」（2018年10月24日）
　　https://www.m2j.co.jp/notice/1437/contents

［図表1−8］日本におけるゲームの特許に関する特許紛争

原告（権利者）	被告	日本における結果
カプコン	コーエーテクモホールディングス	原告勝訴により被告が損害賠償支払い
グリー	Supercell	和解（被告のゲームの機能を一部停止）
任天堂	コロプラ	和解（被告が33億円の和解金支払い）
コナミ	Cygames	40億円の損害賠償請求を求めて訴訟中

　このように，新たなビジネスモデルをめぐっては，後述するようにコンピュータソフトウエア関連発明として特許権を取得するケースが増えたことに伴い，近年は特許紛争も増えていることに注意する必要があるといえます。

5　中小企業やベンチャーが大企業に知財で対抗

　知財を持つことは，中小企業やベンチャーが大企業との間で知財をめぐる紛争が生じたときにも大きな武器になります。その一例として，ITベンチャー企業が巨大企業と戦った事例を紹介したいと思います。

　近年，スーパーマーケットや小売店の多くで，従業員不足や効率の向上を目指す手段として，セルフレジが導入されています。技術の進歩により，セルフレジシステムはより使いやすく，セキュリティ性も向上しています。スマートフォンのアプリを介して支払いを行えるセルフレジも増えており，デジタル化に対応する顧客にとって魅力になっています。このようなセルフレジをめぐって，ITベンチャー企業と大手企業との間で特許紛争が発生しました。

　「ユニクロのセルフレジが特許で訴えられた」というニュースを聞いたことがある方もいらっしゃるのではないでしょうか。株式会社アスタリスク（以下，アスタリスク社）は，新たな構造のセルフレジを開発したITベンチャー企業です。このセルフレジの技術をめぐり，アスタリスク社とユニクロやGU等のアパレル事業を展開する株式会社ファーストリテイリング（以下，ファースト

12

リテイリング社）との間で，特許権侵害に関する訴訟が起き，世間から大きな
注目を集めました。

　事の発端は，ファーストリテイリング社がセルフレジのコンペを行った際，
コンペに参加したアスタリスク社が新たな構造のセルフレジを提案したものの，
採用されなかったことにあります。コンペ後，ファーストリテイリング社は，
アスタリスク社が提案したセルフレジと似たような構成のものを店舗で展開し，
アスタリスク社は抗議をしました。

　問題となったセルフレジは，商品が入った買い物かごをくぼみの中に置くだ
けで，商品に付いたRFIDタグを読み取ることにより，会計を自動的に行うこ
とができるというもので，現在でもユニクロやGUの店舗の会計レジで使用さ
れています。

［図表 1 - 9 ］ 新たなセルフレジの仕組みの特許

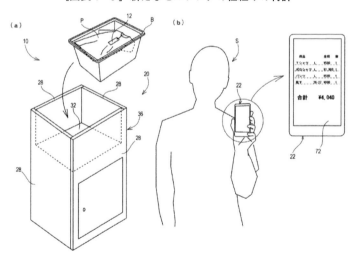

出所：特許第6469758号の図 1

　アスタリスク社は，ファーストリテイリング社によるセルフレジのコンペ前
に特許出願を行っており，特許出願中であることを説明した上で提案を行った

と主張しました。コンペが行われた時点ではまだ特許が成立していませんでしたが，コンペが行われた翌年に特許が認められると，アスタリスク社はファーストリテイリング社と月1回のペースで定期的に話し合いを行いました。しかし，両社の話し合いは合意に至らず，ファーストリテイリング社は特許の無効審判を特許庁に請求し，一方のアスタリスク社は東京地方裁判所に対してセルフレジの使用差止めの仮処分を申し立てる等，両社の間で特許紛争が生じました。

　その後，知的財産高等裁判所（知財高裁）では，アスタリスク社の特許は有効であると認めました。その一方で，セルフレジの使用の差止めについては，裁判所で判断が下りる前に両社は和解しました。両社の和解内容は以下の通りです。

- ●ファーストリテイリング社は，現在NIP社（アスタリスク社から本件特許の譲渡を受けた会社）の保有する特許が有効に存在していることを尊重する。
- ●アスタリスク社およびNIP社は，本セルフレジはアスタリスク社の特許出願が公開される以前から，ファーストリテイリング社が独自に開発し使用していたものであると確認する。

　その他の和解条件については一切公表しないことが和解内容に含まれていたため，ファーストリテイリング社とアスタリスク社との間でライセンス契約等が行われたか否かについては不明ですが，アスタリスク社の代表取締役社長である鈴木規之氏はSNSで今回の和解について肯定的に捉えている等[6]，アスタリスク社にとって和解内容は悪いものでなかったことがうかがえます。

　このように，自社の画期的な技術やアイデアを特許権で保護することにより，もし模倣された場合にも対抗することが可能になります。特に，今回のケースのようにスタートアップやベンチャーの技術が大企業に無断で使用された場合

6　鈴木規之氏のXでは，「和解しました！　会見では，『柳井さんやファーストリテイリングの方々を尊敬している』『良い関係で和解した』と発言したのに，そういった報道はされないのが残念ですが…。」と述べられている。
　　https://twitter.com/noriyukisuzuki/status/1474532782022197249

でも，前もって特許出願を行っておけば，泣き寝入りせずに交渉することができます。新たなビジネスチャンスが生まれると，大企業からスタートアップまでさまざまな企業がすぐに市場に参入してくることが予想されるため，自社の製品やビジネスモデルを知財で保護して参入障壁を築くことがよりいっそう重要になっています。

6　ビジネスモデルのもととなる新規事業のアイデア出し

それでは，新しいビジネスモデルのもととなる新規事業のアイデアをどのようにして出せばよいのでしょうか。以下，代表的な10のアイデア出しの方法を簡単に紹介します。

1. ブレインストーミング：チームで自由にアイデアを出し合い，制限なく発想を広げる。
2. SWOT分析：企業の強み，弱み，機会，脅威を分析し，新しいビジネスチャンスを探る。
3. 顧客インタビュー：直接顧客と対話し，彼らのニーズや課題を理解する。
4. 競合分析：競合企業の成功事例や失敗事例を分析し，新しいアプローチを考える。
5. トレンドリサーチ：産業のトレンドや新技術を調査し，将来のビジネスチャンスを探る。
6. クロスインダストリーのアイデア：異なる業界の成功事例を参考に，自社の業界に適用するアイデアを考える。
7. プロトタイピング：実際にプロトタイプを作成し，市場の反応をテストする。
8. ワークショップやセミナー：専門家や異業種の人々との交流を通じて，新しい視点やアイデアを得る。
9. アイデアボックス：社員や顧客からのアイデアを収集するためのボックスやフォームを設置。
10. 外部コンサルタントの活用：第三者の視点でのアドバイスや提案を受ける。

これらの10の方法を組み合わせることで，多角的な視点から新規事業のアイ

デアを練り上げることができます。

特許情報を活用したアイデア出し

　また，近年ではこれらに加えて，すでに公開されている特許情報を活用してアイデア出しを行うことも盛んに行われています。特許情報は，技術的な発明やアイデアが詳細に記載されているため，その内容を解析・活用することで新しいビジネスチャンスを見つけ出すことが可能となります。新しいビジネスモデルで新規事業を行うにあたり，特許情報は以下のような役割を果たします。

1．**技術トレンドの把握**：特許情報を分析することで，特定の技術分野のトレンドや新しい技術の動向を把握することができる。これにより，未来の市場ニーズや技術的な変革を予測する手助けとなる。

2．**競合分析**：競合企業がどのような技術やアイデアに取り組んでいるのか，その特許情報を通じて知ることができる。これにより，自社の技術や製品の位置付けを明確にし，差別化の方向性を考えることができる。

3．**技術の組み合わせ**：異なる技術分野の特許情報を組み合わせることで，新しいアイデアや製品のコンセプトを生み出すことができる。

4．**ホワイトスペースの発見**：特許情報のマッピングを行うことで（パテントマップ），まだ誰も取り組んでいない技術領域や市場ニーズ（ホワイトスペース）を発見することができる。

5．**ライセンスビジネスの機会**：他社の特許情報を分析することで，ライセンスや技術提携の機会を見つけ出すことができる。

6．**リスク回避**：既存の特許情報を事前に調査することで，特許侵害のリスクを回避し，安全なビジネス展開を図ることができる。

　特許情報は，技術的な知見や市場の動向を網羅的に知るための貴重な情報源となります。情報を適切に活用することで，新しいビジネスのアイデアを効果的に生み出すことができるようになります。

　次章からは，特許情報を活用した新規事業のアイデア出しの具体例や，競業分析方法，アイデアを特許権で保護する方法について事例を交えながら紹介します。また，近年，技術の進化や市場の変化が急速に進行する中，企業が単独

で研究開発を行うのは難しくなってきました。この背景から，異なる企業や研究機関との共同研究や共同開発を進める「オープンイノベーション」の取組みが広がっています。しかし，オープンイノベーションを進める上で，共同研究契約や共同開発契約等の契約の締結の問題や，共同で生み出された技術や成果物の知的財産に関する取決めの問題等，さまざまな注意点が存在します。第6章ではこのようなオープンイノベーションを推進するにあたっての注意点やトラブル防止方法についても解説します。

第1章のまとめ

- 近年，付加価値の高い新製品や新サービスを生み出すことが求められており，新たなビジネスモデルの構築を行う必要がある。
- 新たなビジネスモデルは，競合他社や後発企業に模倣されないようにするためにも特許や商標等の知財と切っても切れない関係にある。
- 新たなビジネスモデルをめぐり近年は特許紛争が増えており，裁判所の命令によってサービスが差し止められることもある。
- 知財は中小企業やベンチャーにとっても大企業と戦うための有力な武器になる。
- 新規事業のアイデアを練り上げる際に，すでに公開されている特許情報を活用する方法が近年広がっている。

コラム1　昨今の知財系エンタメコンテンツの隆盛

　かつて，知財はエンタメ業界の中では専門的が高くとっつきにくいテーマとして捉えられていました。特に，特許，実用新案，商標，著作権といった法的な用語が多く出てくるため，専門家以外の方には難しく感じることが多かったといえます。

　しかし，近年の社会の変化に伴い，知財に関する話題が日常生活にも密接に関わるようになりました。テレビやラジオ，雑誌などのメディアでも，新しい発明やオリジナルなアイデア，さらには著作権に関する問題など，知財にまつわるトピックが取り上げられることが増えています。

　それにあわせて，知財を取り扱うエンタメコンテンツも最近増えてきています。有名どころでは，テレビドラマ化もされた池井戸潤氏の人気小説『下町ロケット』（小学館，2013年）があります。この作品は，中小企業の社長である主人公が，ライバル企業から特許権侵害で訴えられるところから始まり，大手企業とのアライアンスなど知財関連の要素を盛り込むことにより人気を博しました。

　また最近は，知財の専門家である弁理士が執筆したエンタメコンテンツも増えています。たとえば，東北大学特任教授でもある稲穂健市氏が執筆した『ロボジョ！　杉本麻衣のパテント・ウォーズ』（楽工社，2020年）は，横浜，東京，仙台，大阪を舞台に，大学生の杉本麻衣と彼女の仲間が革新的なロボット技術を開発し，知的財産を守るために奮闘する姿を描く青春ミステリーとなっており，知的財産権に関する基礎知識を楽しみながら学ぶことができます。

　また，弁理士兼コンテンツクリエイターである大樹七海氏による『ストーリー漫画でわかる　ビジネスツールとしての知的財産』（杉光一成監修，アップロード，2018年）では，日本発のAIベンチャーが，米国の巨大IT企業に立ち向かう本格的ストーリー漫画を通じて，ビジネスと知財が実際にどう関わるのかが漫画を通じて理解できます。そして，企業内弁理士として勤務する南原詠氏が執筆した『特許やぶりの女王　弁理士・大鳳未来』（宝島社，2023年）は，非常に個性的な凄腕の女性弁理士が企業のトラブルを解決するストーリーが評価を受け，2022年第20回「このミステリーがすごい！」大賞を受賞しました。

　2023年春には企業知財をテーマとした連続ドラマ「それってパクリじゃないですか？」が大きな話題を呼びました。原作は奥乃桜子氏による同名小説であり，集英社のオレンジ文庫から現在３巻まで出版されています。ドラマでは，女優の芳根京子さんが演じる新米知財部員の藤崎亜季と親会社からやってきた弁理士の北脇雅美がタッグを組んでさまざまな知財のトラブルに立ち向かっていきますが，ストーリーは本格的であり知財専門家からも高い評価を受けています。本ドラマは「令和５年度弁理士の日」のイベントで日本弁理士会から感謝状が贈られましたが，記念講演会の席上でドラマの脚本家である丑尾健太郎氏は「原作を読み，絶対に自分が書きたいと思った。知的財産という新しいテーマへの挑戦は非常にやりがいがあった」と語っています。

　このように，小説やドラマ，漫画といったエンタメコンテンツが増えることで，知財に興味を持つ人が増え，一般社会での知財に対する理解がより一層深まることが期待されます。

奥乃桜子著『それってパクリじゃないですか？〜新米知的財産部員のお仕事〜』（集英社オレンジ文庫）（集英社，2019年）

第 **2** 章
特許情報を活用して
新規事業のアイデア出しを行おう

1　公開されている特許情報を徹底的に「パクる」テクニック

　特許法第1条では,「この法律は,発明の保護及び利用を図ることにより,発明を奨励し,もつて産業の発達に寄与することを目的とする」と規定されています。

　ここで,発明の保護と利用のバランスが大事になってきます。

　すなわち,特許制度では,発明者には特許権という形で独占排他的な権利が一定期間与えられます。一方,特許出願が行われた発明を公開することにより,第三者が自由に発明の内容を知ることができるようにし,これにより技術の進歩を促し,産業の発達に寄与することも特許制度の目的です。

　日本経済が拡大し,製造業の圧倒的な強さにより世界一の経済大国になるといわれた1980年代から2000年代にかけて,当時の新興国である中国や韓国のメーカーは日本企業の特許公開公報を徹底的に研究し,技術を吸収して日本企業へのキャッチアップを図ったといわれています。特許公開公報は誰でも無料で手に入れることができるため,資力に乏しく十分な研究施設がなくても,特許公開公報を精査すればさまざまな技術情報の知見を得ることができます。

　広島で特許事務所を開業している弁理士の松本文彦氏は,日本の中小企業やスタートアップの間でも,すでに公開されている他社の特許公開公報を活用することにより自社の製品やサービスの開発をスムーズに進めることを推奨して

います[1]。技術分野が同じであれば，製品開発を行う上で企業が抱える課題もおおむね同じであるため，その解決のための技術を自社で研究しなくても，すでに同業他社の特許公開公報に書かれていることがあります。この場合，他社の特許公開公報に書かれている技術を活用することにより，自社の開発スピードを大幅に早めることも可能になるかもしれません。

特許情報の探し方

　日本特許庁に出願（申請）されて公開された特許公開公報は，独立行政法人工業所有権情報・研修館により運営されている特許情報プラットフォーム（J-PlatPat）[2]に掲載されています。J-PlatPatでは，キーワード検索や特許分類を用いた検索を行うことにより，発明の内容そのものや特許庁での審査の内容を無料で入手することができます。また，J-PlatPat以外にも，有料の検索サービスを用いることによってより高度な検索を行うこともできます。

　具体的な事例をみてみましょう。アルミ合金製はしご・脚立の製造・販売を行っている株式会社ピカコーポレイションでは，「1製品1権利」という目標を掲げて開発に臨んでおり，新規開発はもちろんのこと既存権利を利用した技術開発を行っています[3]。設計担当者は先行技術調査を行うことが義務づけられており，最新の他社の特許公開公報を毎月チェックして業界に関係する情報をデータベース化することにより全社員がいつでも閲覧できるようにし，さらに，新しい情報を得たときには設計担当者にメール配信が行われるようになっているとのことです。

---

1 「他社技術パクリのススメ〜弁理士がおすすめする合法的に他社の技術・ノウハウをパクる方法とは!?〜ふみひこ松本の特許ですべらない話」
　https://youtu.be/biz 6 avz_ 9 gE
　なお，「徹底的にパクる」を略した「TTP」も松本氏が商標権を取得している（商標登録第6734575号）。
2 https://www.j-platpat.inpit.go.jp/
3 「知的財産を経営に生かす知財活用事例集「Rights」　〜その価値を，どう使うか〜」（特許庁）
　https://www.jpo.go.jp/support/example/document/kigyou_jireii2020/all.pdf

　それでは，世の中に公開されている無数の特許公開公報からどのようにして目当ての特許公開公報を探せばよいでしょうか。探し方としては，大まかには以下の4つの方法があります。

①　会社名で検索する
②　発明者名で検索する
③　キーワードで検索する
④　技術分野で検索する

①　会社名で検索する

　会社名で特許検索を行うにあたり，特許調査ツールを使う前に，まずは競合他社の分析をすることが大事になります。具体的には，ターゲットとなる競合他社のウェブサイトから情報を入手したり，実際に製品を購入し分解やテストを行って，その技術的な特徴や機能を分析したりすることです。

　特許検索画面では，出願人の欄に競合他社の企業名を入れることにより，その企業が出願した過去の特許公開公報を入手することができるようになっています。その際，調査相手が出願した特許公開公報が数件〜数十件であれば全件調べることも可能ですが，数百件を超える場合は，後述するキーワード検索や技術分野による検索を掛け合わせる必要があります。

②　発明者名で検索する

　また，企業による特許出願といえども発明は個人に紐付いている場合が多いので，企業名ではなく発明者名で検索する方法もあります。この場合は，ターゲットとなる発明者が時間の経過とともにどのような技術領域に焦点を当ててきたのか，また新しい領域に移行してきたのかを確認することができます。また，その発明者のキャリアや研究内容の推移を追跡することもできます。さらに，ある発明者が他の発明者や組織とどのような共同研究やコラボレーションを行っているのかも確認できます。

　発明者名で検索を行う場合は，競合他社の中で特に影響力のあるキーパーソ

ンを特定することが重要になります。

③ キーワードで検索する

　製品開発を行う上で，解決したい課題がある程度特定されている場合は，特許調査ツールで特定のキーワードを入力する方法もあります。また，1つのキーワードだけではなく2つ以上を組み合わせたり，2つ以上のキーワードについて近傍検索を行ったりすることもできます。

　この方法によれば，課題解決のための技術がそのまま書かれている文献をダイレクトに発見できる可能性が高くなる反面，キーワードだけだと検索ノイズが多くなってしまい，対象案件が多くなることにより，選別に余計な手間がか

[図表2-1] Fタームリスト

テーマコード	4K015
説明	溶鉱炉(カテゴリ：素材加工)
FIカバー範囲	C21B7/00-9/16

観点						Fターム
AA	AA00	AA01	AA02	AA03		AA05
	溶鉱炉及び付帯設備	・炉体の据付・建造	・・炉外作業用	・・炉内作業用		・ガス回収
AB	AB00	AB01	AB02	AB03	AB04	AB05
	炉頂圧エネルギーの回収	・・ガスの清浄化	・熱交換	・ガス経路	・・圧力制御	・・温度制御
AC	AC00	AC01	AC02	AC03		AC05
	通風装置	・通風制御	・・酸素富化通風	・還元ガス製造・送給		・粉体吹込
AD	AD00	AD01	AD02	AD03		AD05
	燃料吹込装置	・羽口部への吹込	・・ノズル・ランス	・・ノズル・ランス位置		・・送給ライン

出所：特許情報プラットフォーム（J-PlatPat）

かる場合もあります。

④　技術分野で検索する

　日本では，特許分類としてIPC，FI，Fタームという 3 種類のものが設定されています。これらの特許分類の詳細については割愛しますが，日本特許庁が独自に開発した特許分類であるFタームは，特定の技術分野に関する情報を迅速かつ効果的に検索するための手段として重要な役割を果たしています。

　前述の松本文彦氏は，Fタームの各テーマの名称やカバー範囲等が記載されている「Fタームリスト」を用いた開発支援方法を提案しています。具体的には，開発支援を行う際に，その技術分野に対応するFタームリストを印刷し，開発者に現在開発中の製品について必須の項目や気になる項目にチェックを入れてもらいます。そして，チェックが入れられたFタームについて，特許調査ツールを用いて特許公開公報の一覧を出力し，技術者と読み合わせを行います。また，Fタームリストそのものもさまざまな技術的観点を網羅しているので，Fタームリストを開発者が見ることにより，自社では気付かなかった開発観点に気付くこともあります。

　このようにして，Fタームリストを活用することにより，製品の開発に必要な技術情報を特許公開公報から網羅的に拾い上げることが可能となります。

特許公開情報の活用時の留意点

　ここで，特許公開公報として公開されている他社の特許情報を活用する際に気を付けなければならないことがあります。それは他社の発明が特許権となっている場合，この特許権が存続しているあいだは，特許請求の範囲が記載されている発明をそのまま自社で実施してしまうと，特許権侵害として差止め請求や損害賠償請求を受けるおそれがあります。

　このため，特許請求の範囲として記載されている文言の全部ではなく一部のみの技術を用いたり，特許請求の範囲には記載されていないけれども，特許明細書に記載されている技術を用いたりすることにより，他社の特許を回避しつ

つ上手く活用することが大事になります。

　もちろん，特許出願を行ったが特許権を取得していなかったり，特許料不納により特許権が失効したりしている場合は，他社の特許公開公報に記載されている技術を自由に活用しても問題ありません。

2　自社の特許情報から新たなアイデアを妄想する

カプコンと知財図鑑による「妄想プロジェクト」

　新たなアイデアを創出するにあたり，参考になるのは他社の特許情報に限定されません。ここでは，自社の特許技術を活用して新たなビジネスを創出する事例として，株式会社カプコンと「知財図鑑」の共創による取組みを紹介したいと思います。

　株式会社カプコンの知的財産部に所属する奥山幹樹氏は，発明創出を開発部門だけに頼らず，知的財産部でもメンバー自身が発明を行って特許を取得することを目指しています。その中で，奥山氏は，今まで接点がなかった異業種の企業などとカプコンがコラボしたらどのようなアイデアが生まれるか，どのような社会課題を解決するかなどを日々妄想し，発明創出に役立てています。同社の知的財産部員は，「ユーザ目線でこういうのがあったらいいよね」という非開発部門であることを活かした視点や競合他社の動向を踏まえた視点で発明し，特許出願するようにしているとのことです[4]。

　一方，越境型クリエイティブ集団・株式会社コネル（Konel Inc.）の子会社として運営されている「知財図鑑」は，知財と事業をマッチングさせるクリエイティブ・メディアです。知財図鑑のウェブサイトでは，さまざまな知財がキーワードに応じて分類されていますが，特徴的なのは「妄想」からも検索可能な点です。知財によって実現できそうな未来像を「妄想プロジェクト」として

4　Tokkyo.Aiウェブサイト「株式会社カプコン 奥山幹樹氏【知的財産部インタビュー】」
　　https://www.tokkyo.ai/tokkyo-interview/capcom-mr-okuyama-scaled/

掲載していて，その妄想的な未来からの逆引きで，知財にアクセスすることができます。そして，発想した妄想を，文章ではなくビジュアル化された形で提案することにより，共創の相手を見つけて社会への実装を図っています。

　このように，両社は「妄想」という共通点からコラボレーションをスタートしました。まず両社が取り組んだのは，カプコンが所有する特許から妄想大喜利でアイデアを拡張することです。

　妄想大喜利とは，特許情報をベースとして，社会課題と妄想から両者のメンバーがさまざまなアイデアを自由な発想で次々と生み出すことをいいます。そして，その中から特許性があるアイデアを抽出するとともに，このアイデアが解決する社会課題を妄想します。

　さらに，社会課題の解決を目標にし，妄想を再分解，再構築します。また，この段階で新たな妄想も追加します。

　その後，事業としてインパクトがでるように具体例を調整したり，複数の妄想を上位概念化やグループ化して発明として整理したりします。

　ここで，妄想から特許性がある発明を仕上げる工程では，特許の専門家である知的財産部の知識が役に立ちます。発明として一定の形となった後は，この新たな発明について両社が共同で特許出願を行うとともに知財図鑑のウェブサイトにも発明の概要を掲載します。

リアルの関係をゲーム内に取り入れ地方創生を図る

　ここでは，カプコンと知財図鑑が共創することにより生まれたさまざまなアイデアのうち，「里帰りブーストシステム」という発明が生まれた背景について述べたいと思います。

　「里帰りブーストシステム」とは，ゲームプレイヤーや観客などの支援者が自分に縁のある地域を訪れると，ゲーム内容が変化したり進化するシステムのことをいい，プレイヤーや支援者の出身地など，関わりのあるエリアを訪問した人数に応じて，ゲームキャラクターが強化されたり，ゲームの演出が変化したりします。

　このシステムは，自分に縁ある地域でプレイするとゲーム進行が有利になる既存システムをベースに，より地方創生に貢献できるシステムとして発明されました。

　このシステムのベースとなったのは，カプコンが特許出願を行っていた「特開2022-137905号公報」に関する特許情報です。以前の特許出願では，eスポーツなどのコンピュータゲームにより地域活性化を図りたいというニーズに対し，プレイヤーまたはキャラクターと地域との関係に改善の余地があったという課題を解決するための技術が記載されていました。

　このような特許情報に対し，プレイヤーだけでなく，プレイヤーを応援する人の縁のある地域（出身地など）が一致することで，プレイヤーのパワーがみなぎってくる「里帰りブースト」という新たな概念を規定しました。これにより，プレイヤーが地元でプレイするときに，地元の観戦者がたくさんいるとゲームで恩恵を受けたり演出が変わったりするというアイデアを創出しました。

　このようなアイデアが最終的に創出されるまでに，妄想大喜利により数多くのアイデアが生まれました。妄想大喜利により生まれた30以上のアイデアの一部を下記に紹介します。

同じ出身地の観客が一定数超えるとその土地の「祭り」演出に入る。	
サポーターが一定数を超えると技名に方言が入る。	
観客の位置情報を取得し，ゲームの閲覧人数（を地域当たりの人口で割った値）によってプレイヤーにインセンティブを与える。	○
SNSでのその場所の検索キーワードと連動して強くなる（地元盛り上げ施策）。➡大会の決勝戦のときはプレイヤーの地元名が連呼される。	
位置情報を取得し，地域から出ると使えなくなるアイテム。	
たとえば，格闘ゲームで，本人が奈良出身だったら鹿のコスチュームが選べて，それによって，他の場所ではでない技が出る。eスポーツを見ている人で同じ出身地の人から，たくさん声援をあつめて，元気玉として撃つことができる。	
一定の条件をクリアすると，その土地の出身有名人のアバターが出現。	

同じ小学校，中学校レベルまで観客とプレイヤーが同期するとレベルアップ。	
地方自治体が大会を誘致できる。誘致した場所で大会やゲームをするとパラメータがあがる。	○
ゲーム内課金の一部を指定した地方自治体に還元する。返礼品をもらえる。	○

注：○がついたアイデアを発明として抽出

　発明として抽出されたアイデアは，新規事業として社会実装することにより，地方へ人が集まる機会を提供するだけでなく，都心から地方へ移る人の流れを作るなど，地域発展への貢献が期待されるものとなっています。地域性のある背景画面やサウンドなどの演出を特典として提供できる仕組みを構築することによって，より地域とのつながりを強め，都心から地方への訪問・移住・定着を促すシステムとして「里帰りブーストシステム」という発明が創出されました。

特許取得の過程

　この発明について，特許庁への特許出願が行われるとともに，早期公開制度により出願の日から1年6カ月を経過する前の段階で公開されています（特開2023-73267号公報）。通常の特許出願であれば，出願の日から1年6カ月を経過した後に公開されるため，少なくとも出願内容を1年6カ月の間は秘匿することができます。しかし，今回のプロジェクトでは，特許出願後に早期出願公開制度により出願公開の請求を行い，出願からわずか数カ月後に特許公開公報が公開されています。

　特許庁への特許出願が行われた後，新たに創出された「里帰りブーストシステム」という発明を紹介する記事が知財図鑑のウェブサイトに妄想プロジェクトとして掲載されました[5]。ウェブサイトでは，この新しいシステムの概要，何がすごいのか，なぜ生まれたのかという背景が紹介されるとともに，このシ

5　https://chizaizukan.com/property/793

ステムを実現するための技術や相性のいい産業分野が掲載されており，公開された特許公開公報についての情報も挙げられています。

　また，言葉だけではこの全く新しいシステムの全体像を把握するのは容易ではありませんが，知財図鑑では妄想大喜利により生まれたアイデアをデザイナ

［図表 2 - 2 ］知財図鑑のウェブサイトに掲載された妄想プロジェクト

妄想プロジェクト

支えを感じて強くなる「ホームタウン・エンパワメント」

出身地や何度か訪れている地域など、所縁ある場所に帰ると、無意識に入っていた肩の力が抜け、ほぐれた器にパワーが満ちる。仲間との交流などを通じて、都心に戻るころには、また挑戦者の気持ちを取り戻す。特に地方出身者ならそんな経験をしたことがあるだろう。

「ホームタウン・エンパワメント」は、そうした所縁ある地域で得られる体験を仮想空間で具現化する。所縁ある地域を訪れることで、アバターなどゲームキャラクターの能力が上がったり、形態が進化し、ゲーム進行を有利にできる。応援してくれる人が同地域を訪問することで、さらにパワーを得られる。プレイヤーや支援者は、地域とのつながりをより強く感じられ、地域への愛着を強める。帰省による一時的な還元だけでなく、地域へUターン・Iターンするきっかけを作り、日本全体の地方創生にも寄与するだろう。

知財図鑑	妄想家 知財図鑑	デザイプ	妄想家 株式会社カプコン 知的財産部

出所：知財図鑑ウェブサイト

ーによってビジュアライズ化することにより，ウェブサイトの紹介記事では誰もが直感的に新たなアイデアにより何ができるかを理解できるようになっています。

このように，妄想を特定の知財に紐付けてメディアで情報発信を行うとともに，デザイナーによって抽象的な発明をビジュアルに具現化することにより，多くの人に関心を持ってもらうとともに新たな共創相手を見つけることが可能になります。

3　未来を予想して特許で先取りする

未来のニーズをつかむアプローチ手法

発明家兼弁理士の塚本豊氏が経営する株式会社フューチャーアイでは，5 〜 15年先の未来を予測し，その未来を特許で先取りすることをビジョンとして掲げています。塚本氏は，現時点ではどこにも存在しないが未来においては誰もが当たり前に使っている発明を儲かる発明と規定し，未来を先読みすることにより特許として先に保護することを目指しています。

ふわっとしたアイデア，すなわち未来予想型の発明は，ビジネスや事業が顕在化される前の段階であり，将来実現されるであろう自社または他社のビジネスがどのような内容になるか定まっていないため，ターゲットを絞りにくいという問題があります。この問題を解決する手段として，以下のようなアプローチがあります。

具体的には，まず，マーケティング，行動経済学，心理学等の社会科学を駆使して，実現可能性の高い発明を考え出します。未来の社会像を予測し，その社会で誰しもが当たり前に使用しているアイデアを創出します。

このような未来予測はさまざまな政府系機関や企業からも提示されていますので参考になるでしょう。たとえば，文部科学省に設置された科学技術・学術政策研究所では，科学技術の発展による社会の未来像を描く調査が行われてい

ます[6]。この調査は，1971年からの50年の歴史の中で，当初の科学技術指向から社会ニーズや社会課題解決等の社会指向へ，そして，これを統合するシナリオの作成へと転換が図られてきました。

[図表2-3] 科学技術予測調査の構造と時間軸

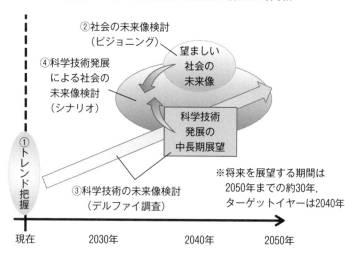

資料：文部科学省　科学技術・学術政策研究所作成『第11回科学技術予測調査について』
　　　（2019年6月14日）をもとに作成

　この調査では，50の未来像が提案され，その中から「変わりゆく生き方」「誰一人取り残さない」「持続可能な日本」「不滅の好奇心」という4つの価値が抽出されるとともに，2040年の社会のイメージが提示されています。

未来のニーズをいかに商品として具体化するか

　このように，未来社会像を予測したら，次に新たなニーズや社会課題，心理法則，ビジネス法則を抽出します。そして，抽出されたこれらの新たなニーズ

6　文部科学省『令和2年版科学技術白書』
　　https://www.mext.go.jp/b_menu/hakusho/html/hpaa202001/detail/1421221_00005.html

や社会課題等を解決するための手段について，技術書や特許情報，論文等から技術を探すことにより，未来型発明を創出します。

　テクノロジーは人のニーズを満たすように進化し，人のニーズはテクノロジーの進化によって変化しますが，両者が複雑に影響し合って変化した先が未来となります。このため，未来を予測するためには，少なくとも人のニーズのメカニズムを究明する必要があります。

　たとえば，雑貨屋にやかんを買いに来た客はやかんが欲しいから買いに来たのではなく，いつでも手軽に熱湯を手に入れたいからやかんを買いに来るわけです。「熱湯が欲しい」が根源的な欲求となり，「やかんの購入」は目的を達成するための手段（行動パターン）に過ぎません。このような欲求が，将来的に社会で多数生じることを予測できれば，「熱湯が欲しい」という目的を叶えてくれる瞬間湯沸かし器を開発して売り出せばヒット商品になります。

　一方，雑貨屋にやかんコレクターが訪問した場合は，やかんの購入自体が目的となり，瞬間湯沸かし器を勧めても効果はありません。このように，未来の社会像を予測する場合は，「やかんの購入」という人の行動それ自体が目的（根底的欲求）なのか，あるいは目的は他にあってその目的を達成するための手段（行動パターン）なのかを見極める必要があります。

　塚本氏による未来型発明の一例として，国際特許出願の公開公報であるWO2020-141584が挙げられます。塚本氏は，2020年代後半に主流となるトレンドとして，人間のデジタルツインからなるミラーワールド（もう1つの地球）をコンピュータ内に生成し，そのミラーワールド内をシミュレーション環境として各種シミュレーションを行って未来を予見した最適解を事前に導き出せる世界が到来すると予測しました[7]。

　シミュレーションとしては，政府が採用しようとしている政策や法律（たとえば，消費増税に伴う軽減税率等）が採用されたと仮定した場合における，経済や景気の変動シミュレーション，株取引や先物取引等の投資市場での取引シ

7　https://qiita.com/futureeye/items/44103520bdeeef079c93

ミュレーション，会社経営シミュレーション，または消費行動シミュレーション等が考えられるとのことです。そして，［**図表 2‐4**］のように，シミュレーション最適化によって導き出された最適解をリアルワールドにフィードバック（還元）し，最適解の恩恵をリアルワールドに提供します。

　この他にも，塚本氏は未来型イノベーション誘発DAO（自立分散型組織）やブロックチェーンの改ざんを不可能にするアイデア等，さまざまな未来発明を先取りして特許出願を行っています。この際に，ターゲットが定まらない段階

[**図表 2‐4**] ミラーワールド内のシミュレーション環境

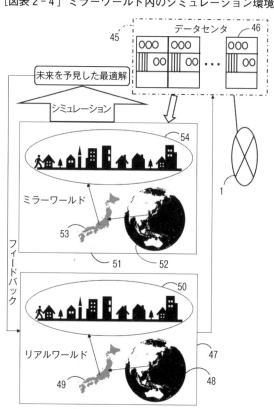

出所：WO 2020-141584の図28

では，想像をふくらませて数多くの図面および実施形態を明細書に盛り込み，第3章で詳しく述べる分割出願戦略を行うことにより将来実現される他社の製品やサービスに備えているとのことです。

未来の定義から始める

　同様の考え方は株式会社テックコンシリエ代表取締役の鈴木健二郎氏や前述の株式会社コネル代表取締役の出村光世氏によっても新規事業の創出方法として提案されています。

　鈴木氏は，現状の実績を元にその延長線上に想定される未来を描く思考方法である「フォアキャスティング」ではなく，まずは将来あるべき未来を定義してそれを実現するためのプロセスを考えるという「バックキャスティング」により，事業展開の一歩を踏み出すことを勧めています。

　用意された正解を求めさせようとする日本の教育により，日本人は正解のない「未来の社会像を想定する」ような問題の設定が苦手で，今現在の強みを生かすことを得意としています。ゆえに，バックキャスティングのためには，これまでとは全く異なる訓練を行う必要があると鈴木氏は述べています。

　そして，このようなバックキャスティングと，自社の強みをより強固にするフォアキャスティングとを接合したアプローチにより，未来妄想から生まれた新成長分野に向けて，実績のある既存事業分野をベースとしたイノベーションを提案することが可能になります。

　一方，出村氏は，未来事業を導くオープンイノベーション術として，ある技術について未来の活用方法を妄想し，実装力でそれを具現し，仲間を魅了して事業化に向けてプロジェクトに発展させていく手法を「DUAL-CAST」（デュアルキャスト）と名付け，オープンイノベーションのプロジェクトをデザインするための手法として体系化しています。

　出村氏によれば，特許情報を活用しにくい障壁として「適切な特許が検索されにくい」「発見できても解読が難しい」「解読できても活用が難しい」という3つの壁があり，それにより起きている機会損失が大きいと指摘しています。

出村氏も，鈴木氏と同じく，現在から未来を予測してニーズがありそうな方向に仕掛けを投げるForecast（フォアキャスト）と，未来からニーズを引き寄せるために現在注力すべきことを逆算して行動するBackcast（バックキャスト）の両方を用いた双方向からのアプローチが重要だと捉え，「DUAL（デュアル：二重の／双対の）CAST」という造語にたどり着いたとのことです。

そして，DUAL-CASTメソッドは，「妄想ワークショップ」「可視化」「発信」「プロトタイピング」「検証」の5つのフェーズから構成され，フェーズ1，2が「妄想」，フェーズ3以降が「具現」にあたります。このような5つのフェーズにより，前節で説明したカプコンと知財図鑑のコラボレーションの例も含め，日本企業が持つさまざまな技術やシーズから新規事業の種が生まれています。

4　特許情報に記された知をヒントに新規事業の企画書を作成する

言語化，教材化，ツール化する仕組みを作る

それでは，実際に既存の特許情報からどのように発明を考えたり提案書を作成したりしていけばよいのでしょうか。本節では，特許情報に記された最先端の知をヒントに新たな技術やビジネスアイデアを生み出し，新規事業を創り出せる人材を育成している「発明塾®」の取組みを紹介します。

発明塾を運営するTechnoProducer株式会社代表取締役CEOの楠浦崇央氏は，「知財戦略や特許戦略の知識は，技術の実用化・事業化とマネタイズを考える上で欠かせない」と考えており，新規事業創出の支援と発明・知財教育の2つのサービスを通じて，「100年続く事業」の創出とそれを達成できる人材の育成を発明塾で行っています。2011年に企業向けの新規事業創出支援取組みとして「企業内発明塾®」の提供を開始しており，そこで用いている教材の利用を含め，プライム市場上場企業を中心に440社の導入実績があります（2023年4月

時点）。

　発明塾では，情報分析，発明創出，知財戦略立案など，アイデアを発明へ育てていく過程で上手くいった方法をすぐに言語化し，教材化・ツール化を徹底しているとのことです。過去の調査メモや発明提案書は，その経緯を含めすべてナレッジとして記録しており，発明塾生は誰でもみることができたり，成功事例だけでなく，失敗事例もすべて保存，分析してリファレンス化したりすることにより，同じ失敗を繰り返さず，最短距離で成果が出せる環境を構築しています。

エッジの利いた企業を見つける

　現在は企業向けに提供されている「発明塾®」ですが，最初は学生向けのものとして始まったとのことです。文系の学生や高校生を含む全くの素人が学者等のプロを超えるためにどうするかを突き詰めることが，誰でも結果を出せる方法論の確立につながり，必要最低限の知識，いわゆる共通言語を整備していきました。そこでは各自がテーマを自ら定め，互いに協力し合いながらアイデア出しを行い，約3カ月で1人1件の発明提案書を完成させましたが，この発明提案書は単なる特許提案ではなく，事業可能性やビジネスモデルまで記載した企画書に近いものであったといいます。

　このように研究開発経験や専門知識，ビジネス経験に乏しい学生にあえて発明創出に取り組んでもらうことにより得た膨大なナレッジをもとに，エッジ情報を軸にした情報分析方法，個人の能力の違いを生かした討議方法，KSQ（Key Success Question）を用いたアイデアの育成方法など，誰でも成果を出せる手法を確立し，教材の整備が行われました。

　楠浦氏は，未来を預言して，自ら実現するのが事業や企業であると捉え，発明塾OBOGを交えた討議・調査でさまざまな「エッジ企業®」（尖った企業）をみつけています。その中の1つに南アフリカの保険企業「ディスカバリー」があります。この会社は，保険は万が一に備えるものであるという固定観念を崩し，万が一を起こさない保険として，「事故を起こさない自動車保険」「病気

にならない医療保険」を発明し，自らの行動で未来は変えられるという成功体験を加入者に提供しています。また，元気な人に夢と希望を与える金融を提供すべく，銀行業にも進出しています。

このように，ディスカバリー社は保険を再発明し，万が一の安全安心を売るのではなく，万が一の事態が起きない安心を売って，急成長しています。このような同社の保険への取組みを発明塾では「エッジ情報®（尖った情報）」として捉えています。

発明塾では，エッジ情報を探し出し，流れを辿ってアイデア出しをしていくと，自分たちがやりたいと思える事業のアイデアが生まれることがわかったとのことです。このようなエッジ情報として，以下の①〜⑤があります。

---

① いきなり本丸に連れて行ってくれる最先端の情報
② ある技術や事業の本質についてよく考えさせてくれる情報
③ まだ誰も気が付いていない収益機会（課題）とアイデア（解決手段）のヒントをくれる情報
④ 素晴らしい発明につながる情報
⑤ 創出したアイデアを目利きする際にヒントとなる情報

発明作業のどの段階で使える情報かによって意味が異なりますがだいたい上記の5つのどれかになるとのことです。そしてその時点でエッジ情報と思う情報を渡り歩くことにより，発明が進んでいきます。なお，エッジ情報は，よい気付きを与えてくれる一連の情報のことをいいますが特許情報に限らないし，最先端とも限りません。

また，楠浦氏も，3で述べた塚本氏と同様に，他者の預言を参考にして預言者と対話するには，特許等の知的財産に関する知識が重要になると考えています。預言して特許を取得することは先読み，先取りと呼ばれ，一部の企業により熱心に行われています。ここで，特許権には，他社を牽制して訴訟等で排除するという「使わせない」選択と，ライセンスにより仲間を作ったりクロスライセンスで自社に必要な知財を使う権利を得たりする「使わせる」選択があり

ますが，このような「使わせるか」「使わせないか」を後で決められる権利，つまり経営上のオプションを得る行為が特許取得であると理解しており，発明塾でもそのように教えているとのことです。

「時間を買う」という考え方

このように，後でこれだけは他社に真似されたくなかったということにならないように，あらかじめ特許権を取得し，後で決断できるようにすることは，経営において時間を買うという観点から非常に重要で価値が高い行為であるといえましょう。

このような取組みを行っている企業の1つにマイクロソフト社があります[8]。同社で行われている「発明先取り会議」では，自分たちがまだ取り組んでいない技術で，5年，10年後に重要になるものがあるか？　刺激的な機会というテーブルに付くための椅子を自分たちに与えてくれるように，この領域で発明をし，知的財産を創造すべきか？　について検討し，最終的にライセンスで自分たちとパートナーを組みたがるような関係に進展させることが議論されています。同社は知財を自社技術の保護のツールとだけ考えているわけではなく，むしろ外部のパートナーを得るための戦略的ツールと考えているとのことです。

以上のように，発明塾では，未来が見えたら発明に取り組むのではなく，未来を理解するために預言して発明することを目指しており，預言を適切に知財化することによって経営資産となる新規事業の種を量産しています。

5　特許情報を活用した新商品開発の具体例

知財部門から社内への情報発信

これまで述べてきたように，知的財産は企業の先見力発揮のための手法・ツ

8　マーシャル・フェルプス著，加藤浩一郎監訳『マイクロソフトを変革した知財戦略』（発明協会，2010年）

ールとして用いることができます。将来のために何をすべきか，何が必要かを，知財分析をもとに社内へ発信し続けることが大事になってきます。

　貝印株式会社の地曳慶一氏[9]は，知財分析による将来の先読みや今後のシナリオの発信を行うとともに，知財を活用して新商品の開発に取り組んできました。知財部門から社内への情報発信は，知財情報を拠り所とすることで，他部署にはない差別化された情報発信を可能にできるため，事あるごとに経営・事業・開発等へ進言・助言し続けるべきであると地曳氏は述べています。

　貝印株式会社では新商品開発の成功のメソッドとして，商品デザイン（デザイン・技術力）× 知財（差別化力）× 広報宣伝（コミュニケーション力）の掛け合わせが重視されており，IPランドスケープにより早期に勝ち筋を見い出し全社をリードしています。

　脱プラスチックとSDGsをコンセプトに2021年4月に同社から発売された世

[図表 2-5] 貝印株式会社の紙カミソリ

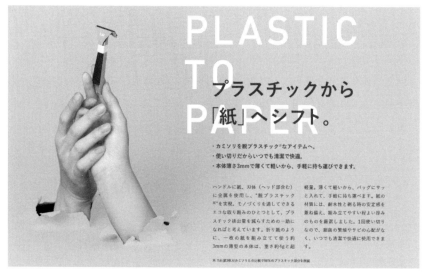

出所：貝印ウェブサイトより

9　取締役上席執行役員，知財・法務本部長，CIPO兼CLO

界初の商品「紙カミソリ」は，このような新商品開発の過程で生まれたものです。この商品はハンドルに紙，ヘッド部含む刃体に金属を使用したカミソリであり，エコの観点や「いつでも清潔で快適」を提供する「1 Day カミソリ」という観点から紙素材に着目し，商品化されました。従来比で98％のプラスチック部分が削減されています。

　また，プラスチックから紙にすることで，薄型パッケージによる持ち運びの利便性やグラフィックの自由度の向上といった，機能面でのメリットもあります。このような世界初の紙カミソリは発売時に大きな反響を呼び，環境に優しい商品として注目を浴びており，2021年の日本パッケージングコンテスト「経済産業省産業技術環境局長賞」も受賞しています。

IPランドスケープの活用

　このような新商品の開発を行うにあたり，まず知財部門が他の部門と連携して，IPランドスケープによって勝ち筋を早期に導き出すことが行われました。

　IPランドスケープとは，特許などの「Intellectual Property（知財）」と，景観や風景を意味する「Landscape」を組み合わせた造語であり，知財情報解析を活用して知財経営に資する戦略提言を図ることをいいます。IPランドスケープでは，知財情報を中心に競合他社の将来技術を短期，中期，長期で予測することが可能となります。このようなIPランドスケープによる分析は特許だけではなく意匠や商標についても行われています。ブランド構築や価値評価，ネーミング開発でもIPランドスケープを活用することができます。

　カミソリのハンドルの材料となりうるさまざまな素材について特許分析が行われましたが，再生プラスチック分野では競合他社が先行している一方，開発スピードで他社を凌駕できそうなのは紙であることが調査結果から判明しました。そして，紙ハンドルの技術的・デザイン的な差別化力について，知財価値や顧客価値を評価し，「プラスチックフリー」「世界初」「プラスチック製と遜色ない」等，差別化ポイントや顧客に刺さるストーリー等（勝ち筋）を整理しました。

　同社の商品開発基準として，Design（デザイン），Unique（独自性），Patent（特許），Safety/Story（安全性，ストーリー性）の頭文字を取った「DUPS」が掲げられており，毎年数多くの新商品を開発し，品揃えの新陳代謝を促しながら，新たな価値を市場に提案し続けていますが，新商品開発の勝ち筋を整理するにあたりこの商品開発基準DUPSに沿ったものとなっています。企画前の段階で，開発部，デザイン部，広報宣伝部と勝ち筋を握り先導しています。

　そして，製品化にあたっては，各部門と握った勝ち筋を具現化するため，知財部門があらゆることに関与しています。具体的には，販売促進，広告制作，ビジネスモデル構築等，従来型の知財業務にはない職務領域にまで知財部門が幅広く関与，行動したとのことです。

[図表2-6] 国連「WIPO GREEN」への登録

出所：貝印ウェブサイトより

その一例として，同社は国連の「WIPO GREEN」のパートナーとなることで，持続可能な社会の実現に向けて環境負荷の低減を追求し，より良い製品とサービスの開発を行うことをアピールしています。

「WIPO GREEN」は，世界知的所有権機関（WIPO）によって設立された，環境関連技術におけるイノベーションとその普及を促進するための国際的なプラットフォームであり，パートナーとして環境関連技術を提供する企業や組織と，解決策を求める企業や個人を結び付けることで，環境関連技術の普及と環境課題に対する世界的な取組みを促進しています。

2021年4月に発売された前掲のT型の「紙カミソリ®」や，2023年6月に発売された，世界初の2つのカバーを折り返して刃がしまえる「Pretty 紙カミソリ®L型」に関する技術も「WIPO GREEN」に登録されています。

特許の販促への活用

同社は，新製品の販売後は，特許権等の知的財産を単なる独占排他権としてだけではなく，差別化の証としても活用しています。特許が認められるということは，世界でまだ知られていない，世の中のあらゆる公知技術の文書に載っていないものであるということを意味し，差別化の証として「世界初」「日本初」「業界初」「唯一の技術」等を謳うことができます。地曳氏は，知財の活用方法として，「内容的価値の活用」と「形式的価値の活用」があり，後者の活用方法として，特許権等の知的財産の特性を活かし，差別化の証として強調表現のエビデンスとしても活用できると述べています。

このように，差別化力のある知財価値を「商品価値伝達の強化」に活かすことで，顧客への商品提案力をあげることができます。たとえば，同社で行われる商品価値説明会では，知財観点で新商品の差別化ポイントを解説し，消費者コミュニケーションへの落とし込み方を提案・討議しています。また，同社では商談会にて知財部員が商品価値を直接来訪者に説明しています。そして，「特許POP」を作成して顧客価値をアピールする等，特許情報を製品の品質保証に活用しています。このように，知財は新商品開発の企画段階やプロモーシ

ョンにも活用することができます。

第2章のまとめ

- Fタームリスト等を活用することにより，公開されている他社の特許公報や特許公開公報からさまざまな技術情報を知ることができる。
- 自社の特許から妄想大喜利でアイデアを拡張し，その中から特許性があるアイデアを抽出するとともに解決できる社会課題をさらに妄想する。
- 5～15年先の未来の社会像を予測し，次に新たなニーズや社会課題，心理法則，ビジネス法則を抽出することにより未来型発明を創出する。
- アイデアを発明へ育てていく過程で上手くいった方法をすぐに言語化し，教材化・ツール化を徹底する。
- IPランドスケープ等を活用することによって，知財部門が他の部門と連携することにより新規事業の勝ち筋を導き出す。

| コラム2 | 経営者やエンジニア向けの知財系教育コンテンツの充実 |

　第1章のコラムではお茶の間向けの知財エンタメコンテンツを紹介しましたが，近年は経営者やエンジニア向けの教育コンテンツも充実してきています。

　経済産業省中国経済産業局は，「もうけの花道」という動画コンテンツをウェブサイトで提供しています。「もうけの花道」では，中小企業が抱えるさまざまな知財に関する問題・課題に対して中国地方等の優良企業や取組みの事例を交え，対処法や支援施策等を紹介しています。

　具体的には，中小企業やベンチャーが直面する知的財産に関する問題や課題について，少しの空き時間でも視聴できるように3～5分程度の動画にて対応方法や公的機関による支援策を提供し，知的財産の活用を促進しています。一部の動画はYouTubeでも視聴可能です。

　また，「もうけの花道」事業では，中小企業や個人事業主，創業予定の個人等をターゲットとした，専門家による知的財産に関するセミナーも開催しています。さらに，「もうけの知財教室」では，もうけの花道のサイトに掲載されている動画をテーマごとにまとめ，研修や自主学習に活用しやすくしています。

［図表2-7］もうけの花道ウェブサイト（経済産業省中国経済産業局）

出所：もうけの花道ウェブサイト（https://www.chugoku.meti.go.jp/ip/index.html）

　株式会社知財の楽校の代表取締役社長である玉利泰成氏は，研究開発担当や新人知財担当向けの研修用動画教材を提供する「特許の楽校」を2021年にオープンしました。玉利氏は，大学卒業後に大手企業で知財部門や新規事業の立ち上げ部門に所属していましたが，研究者や開発者に知財をもっと深く知ってもらい業務そのものに知財を実装してもらいたいとの想いから，同サービスを立ち上げました。事業部門に異動したときに，「知財は小難しくてイメージしにくい，わかりにくい」と思っている開発メンバーが多く，知財部門と開発メンバーの双方がイメージをあわせて対話ができるようになるための共通言語的な知財の知識の普及と共有が大事であると痛感したそうです。

　特許の楽校のコンテンツの特徴として，玉利氏が大手企業の知財部・事業部知財・スタートアップ知財の各現場でのコミュニケーション経験から選び抜いた基礎知識を，得意とする図解等のスキルを用いて親しみやすさ・楽しさ重視で表現することにより，知財に詳しくない人でもわかりやすいものにしたことが挙げられます。

　また，知財の楽校ではYouTubeの公式チャンネル「楽校チャンネル」（https://www.youtube.com/@chizainogakko）にて，知財を図解でわかりやすく解説するコンテンツを無料で提供しています。まずは無料コンテンツで内容を確認し，価値を感じられるようであれば研修用動画教材を購入してみるのも知財の理解につながることでしょう。

［図表 2 - 8 ］特許の楽校ウェブサイト

出所：知財の楽校（https://www.patentamuse.com/）

第 **3** 章

「ふわっとしたアイデア」を どう知財で保護するか

1 発明を創出するための3つのステップ

　前章では特許情報を活用して新規事業のアイデア出しを行うさまざまな手法について解説しました。本章では，このような手法を用いることによって思いついた「ふわっとしたアイデア」をどのようにして特許権で保護し，競合他社の模倣を防止したり，オープンイノベーションで特許権を活用して他社との協働を行ったりするかについて解説します。

アイデアを具現化する3つのステップ

　最初に申し上げますと，ふわっとしたアイデアそれ自体はほとんど特許にはなりません。アイデアを具現化するためには技術的な裏付けが必要になります。アイデアを具現化する方法については後で説明しますが，まずは特許権のもととなりうる発明をどのようにして創出するかについて述べます。

　発明の創出は，簡潔に言えばアイデアの発想からそのアイデアが実際に役立つかどうかを評価するまでの一連のステップから成り立ちます。具体的には，以下の3つの段階から構成されます。

【ステップ1】課題の設定：この段階では，現在存在する問題や不足している点を明確にし，何を解決したいのか，どんな新しい価値を提供したいのかを定

義します。明確な課題設定は，適切な解決策を導き出すための基盤となります。

【ステップ２】解決手段の候補を選択：課題が明確になったら，次にその課題を解決するための技術を考えます。この段階では，さまざまなアイデアや手法を検討し，その中から最も適切と思われるものを選択します。ここでの選択は，後の実効性評価の前提となるため，慎重な検討が求められます。

【ステップ３】実効性の評価：選択した解決手段が実際に課題を解決できるか，またその効果や価値が期待通りに得られるかを評価する段階です。実際の試験やシミュレーションを行い，解決手段の有効性を確認します。

　以上の３つのステップを経て，発明は具体的な形になり，価値を持ち始めます。ふわっとしたアイデアを事業化する際に，特許権で保護しようとするとこの基本的な創作過程の理解が不可欠となります。

　この中で，ステップ１の「課題の設定」は，発明の創作過程において特に重要なステップです。正確で明確な課題の設定は，その後の解決策のアイデアを生み出すための基盤となります。以下に，課題の設定の具体的な方法についていくつかのポイントを挙げます。

①現状の分析：既存の技術や製品，サービスの現状を調査し，その中での不足点や問題点を特定します。

②ユーザの視点の取り入れ：ターゲットとなるユーザや消費者の意見やフィードバックを収集し，実際にユーザが直面している問題やニーズを理解します。

③市場調査：競合製品やサービスの情報を収集し，その中での差別化や独自性を追求するポイントを探ります。

④ブレインストーミング：チームや関連する専門家と一緒に，広範な視点から問題点や課題を洗い出します。新しい視点や意見を取り入れることで，見過ごしていた課題を発見することができることもあります。

⑤課題の具体化：上記の手法を通じて得られた情報をもとに，課題を具体的かつ明確に定義します。「何が問題か」だけでなく，「なぜそれが問題なのか」という背景も理解し，それを課題として設定します。

⑥優先順位付け：複数の課題が浮上した場合，どの課題を優先的に取り組むべきかを決める必要があります。そのための基準として，解決の緊急性，影響の大きさ，実現可能性などを考慮します。

　このように，課題の設定は，情報収集と分析の繰り返しを通じて進められます。時間と労力をかけることで，より深く，そして広範囲な課題の理解が得られ，それが高品質な解決策を生むための土壌となります。

2　特許権は「独占実施権」ではなく「独占排他権」

　特許権についてよく世間で勘違いされているのが，特許権を取得したらその権利範囲内において自社が独占的に発明の内容を実施できるという，独占的な権利と捉えられていることです。実際は，自社の特許権の権利範囲に入っている製品やサービスであっても，それが他社の特許権の権利範囲にも入っている場合があります。この場合は，他社の許諾がなければ製品を製造販売したりサービスを提供したりすることができません。

　特許権の本質的な機能は「独占排他権」であるといえます。独占排他権とは，特許を取得した者が，他社にその発明を実施させない権利を持つという意味です。つまり，他社が特許取得者の許可なくその発明に関する製品やサービスを製造，提供することを禁止する権利を有しています。この排他的な権利により，特許権者は自らの発明に関する商業的な利益を守ることができます。

　このように，特許権は「独占実施権」ではなく「独占排他権」として理解することが重要です。これにより，特許権を取得していても自らの発明を自由に実施できるわけではないこと，しかし他者による不正な実施を防ぐことができることがわかります。

「特許請求の範囲」と「明細書」の関係

このことについて詳しく解説していきましょう。特許の出願書類は，発明の詳細な内容や特徴を正確に記述した文書であり，主に「特許請求の範囲」と「明細書」の2つの部分から成り立っています。

［図表3-1］特許の出願書類における「特許請求の範囲」と「明細書」の関係

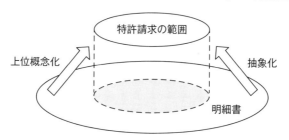

「特許請求の範囲」は，特許が保護する内容の範囲を明確に示す部分であり，その発明の要旨とされる要件や特徴を簡潔に述べたものです。この部分が最も重要であり，権利範囲（権利の効力）を決定します。他社がこれに該当するような製品や方法を使用する場合，特許侵害となる可能性が高まります。

一方，「明細書」は，その発明の背景，目的，実施例，効果などを具体的に詳細に記述する部分です。この部分は，特許請求の範囲を理解するための補足情報や，発明の実施方法，作用原理などの詳細を知るための情報源となります。

簡単に言えば，「特許請求の範囲」は発明の心臓部とも言える核心的な部分を示し，「明細書」はその核心をサポートする背景や詳細情報を提供するものとなります。

ここで，他社の製品やサービスが「特許請求の範囲」に含まれている場合は特許権侵害となりますが，「明細書」に含まれていても「特許請求の範囲」に含まれていない場合は特許権侵害にはならないという点に留意してください。

［図表3-2］ 特許権を侵害しているか否かについて

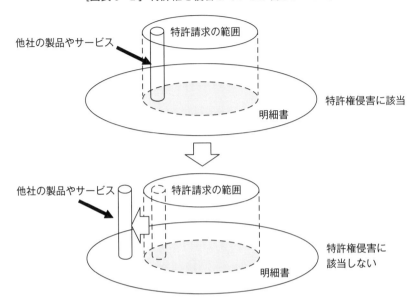

　競合他社からすれば，特許権を回避して市場に参入するにあたり「明細書」全体ではなく「特許請求の範囲」から外れるように設計変更を行えば，たとえ明細書に書かれた技術等を製品やサービスが実施していても，それをもって特許権の侵害とはなりません。

　また，気を付けなければならないのは，自社が新しい製品やサービスについて特許を取得しているからといって，そのことをもって他社の特許を侵害していないと完全には言い切れないことです。特許法上は，たとえば自社の特許における特許請求の範囲の中で，他社が狭い範囲の権利を後から取得することも可能です。

[図表3-3] 自社特許と他社特許の関係

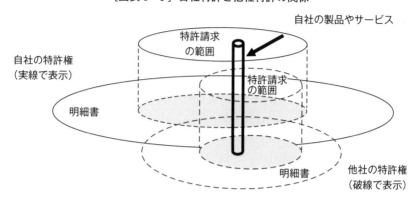

　[図表3-3] のように自社の特許の特許請求の範囲の中に，後から取得された他社の特許の特許請求の範囲が含まれている場合，自社の製品やサービスが自社の特許でカバーされる範囲内であっても，他社の特許を侵害することになります。

　このように，自社の新しい製品やサービスについて特許権を取得しても，

● 後発の他社は製品やサービスの設計変更により特許請求の範囲から外すことによって特許の回避が可能

● 後発でも他社が特許を取得可能であるため，事後的に他社の特許を侵害してしまう可能性がある

という点で，特許権は取得するだけでは自社の製品やサービスを独占的に使用できるわけではありません。

スイスチーズモデルによるリスク管理

　製品やサービスについて特許権を取得していた場合でも，他社に回避されてしまうおそれがありますが，複数の特許権を重層的に取得することにより他社からみて回避しにくくすることができます。これは，イギリスの心理学者ジェームズ・リーズンによって提唱されたリスク管理のモデルである「スイスチーズモデル」を用いて説明することができます。

[図表3-4] 1件の特許権（1枚の穴あきチーズ）の場合

特許を回避

　特許権をスライスした穴あきチーズにたとえると，ある製品やサービスについて1件の特許権しか取得していない場合は，他社からすればその特許権の穴をつくことにより回避することが可能となります。「特許請求の範囲」の文言を少し外すよう製品やサービスの設計を変更すれば，あたかもチーズの穴をすり抜けるかのごとく，製品やサービスを保護すべき特許の壁をすり抜けることができます。

　しかし，ある製品やサービスについて複数件の特許権を取得し，重層的に特許の壁で保護する場合は，すべての特許権の穴をつくのは難しくなります。チーズの枚数を多くすれば，何枚目かの，チーズの穴のないところで引っかかる

[図表3-5] 複数件の特許権（複数枚の穴あきチーズ）の場合

複数の特許を
回避するのは困難

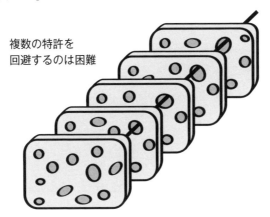

ように，他社の製品やサービスが複数の特許権のうち1件でも自社の特許権を侵害していれば差止め請求や損害賠償請求が可能となります。

このように，ある製品やサービスの特許権の数と，特許網の回避のしやすさはトレードオフの関係にあります。もちろん特許権の取得には費用がかかりますので，どれくらいの費用をかけて漏れのない特許の壁を作るかは事業計画や予算によって決まってくると考えられます。

ライバルの足止めとしての特許権

また，特許権が万能ではないからと言って，特許権の取得が全くの無意味だということにはなりません。この点について，元研究開発スタートアップ経営者の田中彩論理さんは，「特許権はマリオカートのバナナ」理論を唱えています。

マリオカートのバナナの皮はゲーム上でプレイヤーがライバルを妨害するためのアイテムとして知られていますが，このバナナの皮の置き方等の戦略を特許権の世界に当てはめることで，特許の活用の仕方が見えてきます。マリオカートのバナナと特許権の類似性について以下に列挙します。

> ● ライバルがバナナで転べば大きく時間稼ぎ，転ばなくても避けるだけでも時間ロスになる

特許権とは他者が特定の技術やアイデアを使用することを制限する権利です。これは，ライバルが特許を侵害すると，訴訟や賠償金などのリスクが生じるため，避ける必要があるという点で，バナナの皮に似ています。競合他社に製品やサービスの設計変更を強いることができるだけでも特許権を取得する価値があります。

> ● 相手が通りそうな所を予想してバナナを置くと効果的

特許出願を行う際に，市場の動向や競合他社の技術動向を予測し，重要な技術領域で特許権を取得することが重要です。

[図表 3 - 6]「特許権はマリオカートのバナナ」理論

> プレイヤーがバナナの皮を路上に
> 投げ，カートがこれを踏むとスリ
> ップし，走行妨害ができます

出所：画像は任天堂より

- コースの端にバナナを置いてもライバルは避ける必要がないのでバナナを置く
  位置が大事

　重要でない技術や市場に関連しない部分に特許権を取得しても，競合他社にとっては無関係であるため，どの技術領域で特許を取得するかが重要になってきます。

- 後ろからもバナナを前に投げることができる

　既存の技術をベースに新しい発明をすることで，後発の技術で特許権を取得し，先行企業の動きを制限することができます。

- 複数のバナナをまんべんなくコースに置くと後発は避けるのが大変

　幅広い技術領域にわたって特許を取得することで，競合他社が新しい技術や製品を開発する際の動きを制限することができます。

- 一箇所に固めても避けられやすいが散らし過ぎると相手に間をすり抜けられる

　特許権を取得する技術領域の範囲を狭くしすぎると，件数が多くても競合他社がそれを回避する方法を見つけやすくなります。しかし，この技術領域の範囲を広げすぎると他社が簡単に回避することができるようになります。このため，特許権を取得する技術分野の範囲について適切なバランスが求められます。

　このように，「マリオカートのバナナの皮」理論を特許権の観点から考えると，特許戦略の重要性や競争の本質を理解する手助けとなります。

「関所特許」という考え方

　特許権による競合他社への牽制という点について，リチウムイオン電池開発でノーベル賞を受賞した吉野彰氏が提唱した「関所特許」という考えも非常に参考になります。吉野氏は，電池の負極材料としてカーボンが適していることを発見し，カーボンを負極とし，コバルト酸リチウムを正極とするリチウムイオン二次電池を完成させました。また，このようなリチウムイオン二次電池について吉野氏が所属している旭化成は基本特許を取得しました。基本特許を押さえることができれば競合他社の参入を防ぐことができると思われますが，現実はそのようにはいきませんでした。

　カーボン材料が新たな電池の材料となるとわかったため，カーボンに関係する多くのメーカーが電池市場に参入しました。そして，カーボンの専門家たちがリチウムイオン電池の開発に専念するので，新たなカーボン材料が次々と生まれ，結果として負極のカーボン材料の技術はどんどん変わりました。この間にカーボン材料のメーカーもほとんどが入れ替わったといいます。

　それでは吉野氏や旭化成はどのようにしてリチウムイオン電池の新たな市場におけるビジネスを特許で保護しようとしたのでしょうか。

　吉野氏は研究開発を登山にたとえ，最終的な成果を得るためのプロセスを山頂に到達するための道と規定しました。そして，最終的な成果としての山頂を権利とした特許が基本特許であるとすると，山頂に至るまでの途中の道でどの登頂ルートを通ってもどうしても通らなければならない箇所を押さえた特許を

取得すべきであると吉野氏は考えました。このような箇所を押さえた特許を関所特許と吉野氏は呼んでいますが，山の麓から山頂に行くためにはどのルートを通っても必ず関所特許が設置された箇所を通らなければならないため，製品の製造過程でライセンス料を支払わなければなりません。

　リチウムイオン電池の場合は，正極電極材にアルミ箔を用いることがこれにあたります。どのような正極材料を開発してもアルミ箔にコーティングしなければならず，ここを避けて通ることはできません。リチウムイオン電池は起電力が4Ｖと高いため，アルミ以外の金属では電解液中に金属が溶け出してしまい，アルミ以外では金か白金しか使用できませんが，価格面でアルミ以外の選択肢はありません。このような技術について関所特許を取得することにより，負極のカーボン材料の技術がどのように変化しても特許で市場を押さえることができます。

　実際の製品開発では，実際に頂上だと思って登ったところ，そこは頂上でなく，さらに別の頂上があったということはよくあることです。そうなると基本特許が変わってしまいます。技術がより良い方向に進化すると，新たな材料が出てきたり，別の方法が考案されたりします。そうして新たな頂上がみえても，そこに至るためには必ず通らなければならない関所特許を押さえておけば，有

[図表3-7] 基本特許と関所特許

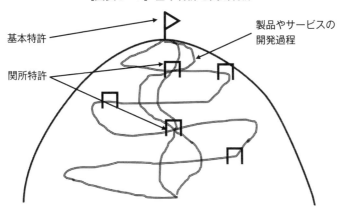

利になります。「関所特許は基本特許よりも強い」と吉野氏は語っています。

3 　非常に強力な分割出願戦略

　前節で述べたように，特許権の効力は「特許請求の範囲」の記載内容によって決まりますが，この特許請求の範囲の内容は特許庁で出願申請書類の審査が行われている間は変更することができるものの，特許査定が出された後に特許料の納付を行うことにより特許証が発行されると特許請求の範囲の内容を変更することができません。

　このため，自社の特許証が発行された後に，自社の特許権における特許請求の範囲（すなわち，権利範囲）から外れるような製品やサービスを他社がリリースした場合は，この他社の製品やサービスの内容がたとえ明細書に書かれていた場合でも特許権侵害を主張することができません。このため，特許権を取得しても競合他社に簡単に回避されてしまうと思われがちですが，それに対抗する手段として「分割出願」があります。

　現在の特許法では，原則として1つの出願では1つの発明についてしか権利を取得することができないとされています。これに対し，分割出願は，複数の発明が1つの出願に含まれている場合に，出願の一部を新たな特許出願とするものであり，複数の発明の中から一部を取り出して分割出願することにより複数の発明について特許権を取得することができます。また，分割出願は何度も繰り返すことができます。すなわち，分割出願を一度行った後，この分割出願からさらなる分割出願を行うこともできます。

　本来は分割出願は複数の発明が1つの出願に含まれている場合に行うものですが，この分割出願を戦略的に活用すれば，ある発明について特許権を取得した後も分割出願で特許請求の範囲の内容を変更するチャンスを持ち続けることができます。すなわち，先に述べたように，特許査定が出された後に特許料を納付することにより特許証が発行されると特許請求の範囲を変更することができませんが，特許査定が出されると同時に分割出願を行うことにより，この分

［図表 3 - 8 ］原則として特許請求の範囲を広げることはできない

他社の製品やサービス

特許請求の範囲

特許証が発行されたら
特許請求の範囲を変え
ることができない！

明細書

割出願については特許請求の範囲を変更することが可能となります。

このようにして，特許査定が出されるたびに分割出願を繰り返し行うことにより，特許請求の範囲を変更可能な状態に維持し続けることができます。この場合は，競合他社が似たような製品やサービスをリリースする際に，自社の特許権による特許請求の範囲から外れるようにするだけではなく，明細書の記載からも外れるようにする必要があります。なぜならば，競合他社が提供する製品やサービスが明細書の記載の範囲内である場合は，分割出願の特許請求の範囲の記載をこの競合他社の製品やサービスの内容に合わせにいくことが可能だからです。実際に，分割出願を繰り返して競合他社の製品やサービスの内容に

［図表 3 - 9 ］分割出願の仕組み

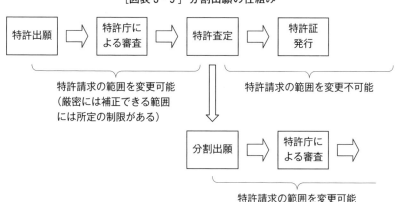

当て込みにいくことは実際の特許紛争でもよく行われていることです。このように，分割出願を活用すれば競合他社への牽制を強く働かせることができるようになります。

　分割出願により特許請求の範囲を広げることが可能になると，競合他社は製品やサービスを明細書の記載から外れるようにする必要があります。

[図表 3-10]　分割出願の効果

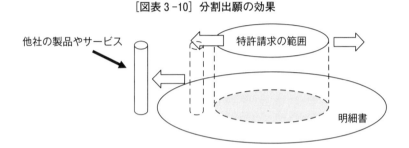

4　ビジネスモデルを特許権で保護するとは

　上述したように，発明の創作過程において課題の設定を行い，解決手段の候補を選択して実効性を評価することにより独自のアイデアや方法を発見した場合は，これを事業化するに際し他社から模倣されないようにするために特許権として保護することができます。この時に，ビジネス手法自体が新しいものである場合は，ビジネスモデル特許として権利を取得して自社のビジネスモデルを模倣から防ぐことが可能になります。

　とりわけ，昨今のデジタルトランスフォーメーション（DX）の進行は，現代のビジネス風景において避けられないトピックとなっています。DXの中心には，情報技術通信（ITC）が位置づけられ，その技術の進化と普及がDXの推進のカギを握っています。

　ここ最近では，製造業からサービス産業，医療，教育，農業まで，あらゆる分野でITCの関与が強まっています。たとえば，工場の生産ラインでは，IoT

[図表3-11] 近年のDXの推進

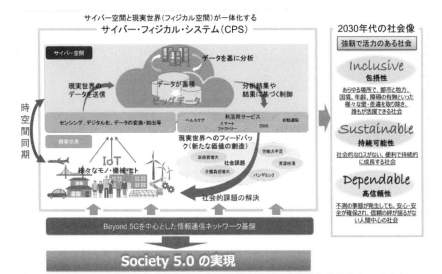

原典：総務省『Beyond 5G推進戦略』（2020年6月）
出所：総務省『令和4年情報通信白書』（第4章第7節）

デバイスの導入により，機械同士の通信が可能となり，生産効率の向上や不具合の即時検知が実現しています。また，医療分野では，遠隔診療やAIによる診断サポートが進化し，より質の高い医療サービスの提供が期待されています。サービス産業に目を向けると，AIを活用したカスタマーサポートや，ブロックチェーンを用いたセキュアなデータ取引，クラウドサービスの活用による業務効率化など，ITCの技術が業務のあらゆる面で関与しています。これらの技術革新は，企業の競争力を高めるだけでなく，消費者のライフスタイルにも大きな変化をもたらしています。

DX化したサービスをビジネス特許として保護する

このように，DXの波は止まることなく進行し続けており，その背後にはITC技術の進化と普及があることは間違いありません。今後も，これらの技術の発展とともに，さまざまな産業や社会全体の変革が進んでいくことでしょう。

このようなDXの推進による新しいサービスは，ビジネスモデル特許として保護することが可能です。

なお，ビジネスモデル自体は抽象的な手法や方法であるため，それだけを特許として保護することは難しいといえます。しかし，ソフトウェア技術を組み合わせることで具体的な技術的手段や実装方法として特定化されると，その組み合わせはビジネス関連発明として特許取得の対象となります。

たとえば，ある特定のECサイトでの推奨商品の表示方法を新たに開発したとしましょう。この「推奨する方法」自体はビジネスモデルとして抽象的ですが，その方法を実現するためのソフトウェアアルゴリズムやプログラムを開発した場合，その技術的アプローチは特許として保護される可能性が高まります。

このように，単なるビジネスの手法やアイデアだけでは特許取得が困難でも，それを具現化する技術やソフトウェアの開発を通じて，新規性，進歩性，実施可能要件等が確認されれば，ビジネス関連発明としての特許取得が現実的となります。

[図表3-12] ビジネス方法×ICT=ビジネス関連発明

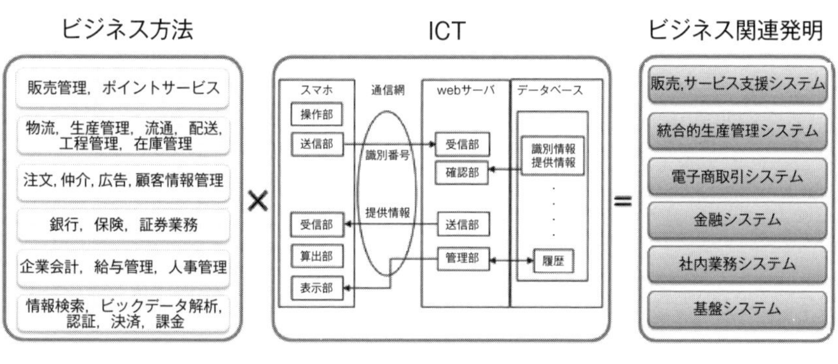

出所：特許庁ウェブサイト「ビジネス関連発明の最近の動向について」

日本では2000年に入ってからいわゆるビジネス関連発明の特許が大きなブームになりました。1999年にビジネス関連発明が特許として認められるための要

件などを説明した指針が日本の特許庁から発表されましたが，この指針が出された
ことやアメリカでのビジネス特許ブームの影響を受け，1990年代後半から
2000年前半にかけて日本でもビジネス関連発明の特許出願ブームが起きました。

しかし，当初はICTと関連のない単なるサービス手法の取り決めなどが大量
に出願されたため，ビジネス関連発明の特許出願の特許査定率（出願して実際
に特許が認められる割合）は10〜20％と低いものでした。このように，特許査
定率が低くなかなか特許権を取得できないということもあり，ビジネス関連発
明の特許出願件数は2000年から2010年頃までは減少を続けました。

しかし，その後はビジネス関連発明の特許出願により特許権を取得する方法
についての研究が進み，また特許庁からも審査基準等によって特許権を取得す
る基準が示されたことにより特許査定率が年々増加し，現在の特許査定率は約
75％と他の技術分野の案件と比較しても大きな差はなくなっています。

それに伴い，2010年頃よりビジネス関連発明の特許出願件数も上昇に転じま
した。最近はスタートアップやベンチャーでも新しいビジネスモデルについて
特許権取得の重要性が認識されつつあり，今後もますますビジネス関連発明の

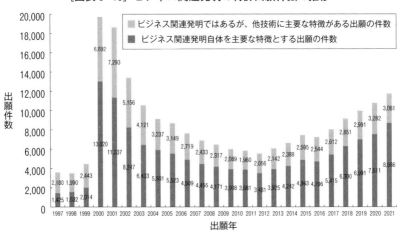

[図表 3 -13] ビジネス関連発明の特許出願件数の推移

出所：特許庁ウェブサイト「ビジネス関連発明の最近の動向について」

62

特許出願件数は増加し続けると思われます。

5 ふわっとしたアイデアから発明をどのように抽出するか

　コンピュータソフトウエア関連発明における発明の規定の方法として，プログラムの内容（ソースコード）で発明を規定する方法，および具体的なプログラムの内容は触れずに入力情報や出力情報で発明を規定する方法の2つの方法があります。

[図表 3 -14] プログラムの内容で発明を規定

[図表 3 -15] 入力情報や出力情報で発明を規定

　プログラムの内容で発明を規定する場合は，コンピュータによる具体的な処理内容を特許請求の範囲に記載することになります。この際に，プログラムやアルゴリズムの具体的な内容で発明を規定すると，一般的に特許の権利範囲が狭くなり，他社は特許を回避するために容易にプログラムの内容の変更を行うことができます。一方，入力情報や出力情報によって発明を規定すると，特許の権利範囲が広がり，他社が同じ機能や結果を達成するための方法を模倣するのが難しくなります。

　また，プログラムの内容で発明を規定する場合，他社は特許請求の範囲に記載されたプログラムの内容をコンピュータで実行しなければ特許権侵害とはなりませんが，他社がコンピュータでどのようなプログラムを実行しているかを解析するのは容易ではありません。とりわけ，近年ではAmazon社のAWS（Amazon Web Services）といったクラウド上で実行されるプログラムが増えてきていますが，このような他社のプログラムの内容を解析するのは難しく，他社が自社の特許権を侵害している場合でも立証するのは容易ではないという問題があります。

　一方で，プログラムの内容で発明を規定した場合は，オープンイノベーションで他社と協働する場合に自社がやりたいサービスの内容や特許で保護したい権利範囲が明確となるため，他社との交渉がスムーズに進みやすいというメリットがあります。

入力・出力情報で発明を規定する例

　なお，上述したように，具体的なプログラムの内容には触れずに入力情報や出力情報で発明を規定する方法もあります。

　たとえば，ゲームの特許についてカプコンとコーエーテクモが争った例では，ホラーアクションゲームで，プレイヤーが操作しているキャラクターの近くに「画面では見えない霊が存在しているか否か」を判定し，キャラクターの近くに霊がいると判定された場合，キャラクターと霊との距離に応じてプレイヤーが操作しているコントローラーに振動を間欠的に生じさせるというカプコンの特許をコーエーテクモが侵害していると裁判所で判断されました。カプコンの特許では，キャラクターの近くに「画面では見えない霊が存在しているか否か」を判定する具体的なアルゴリズムは規定されておらず，特許請求の範囲では，単にキャラクターの置かれている状況が特定の状況にあるか否かを判定し，特定の状況にある場合にはこの状況に応じて振動を発生させるとしか規定されていません。

　つまり，この特許は実質的にプログラムの内容で発明を規定するのではなく，

出力情報で発明を規定する形になっていますが，それでも特許自体は成立するし，しかも他社が似たような出力をすればプログラムの具体的な内容がわからなくても特許権の侵害であるとして訴えることができます。

　以上のように，コンピュータソフトウエア関連発明について具体的なプログラムの内容には触れずに入力情報や出力情報で発明を規定した場合は，自社の特許を他社が侵害した場合に侵害行為の立証が容易になるため，近年はこのようなスタイルで特許を取得するケースが増えています。また，具体的なプログラムの内容で発明を規定しないため，他社のプログラムの内容が特許明細書に書かれている情報処理方法と異なっていても入力情報，出力情報が一致すれば特許権の侵害とみなされる場合もあります。

　新たなビジネスモデルをめぐってはコンピュータソフトウエア関連発明として特許権を取得するときは，プログラムの内容で発明を規定するか，入力情報や出力情報で発明を規定するかについて考えておく必要がある点に留意しましょう。

6　特許だけではなく意匠や商標も活用しよう

　近年，ある製品やサービスを特許権，意匠権，商標権，著作権等の複数の種類の知財権で多面的に保護する知財ミックス戦略が広く知られるようになりました。ふわっとしたアイデアを知財で保護する場合もこのような知財ミックス戦略は非常に有効であるため，たとえばある技術について特許権での保護を考える場合は意匠権や商標権による保護も併せて検討すべきであるといえます。

特許権・意匠権の2つで保護するとき

　たとえば特許権と意匠権の2つの知財で多面的に製品やサービスを保護するケースについて考えてみましょう。特許権のメリットとしては，製品やサービスそのものの態様ではなく，技術に関する抽象的なアイデアや概念を保護することができ，より広い技術的思想を権利でカバーすることができます。

これに対し，意匠権は特許権と比べて特許庁による審査を通過して権利化される可能性が高く，また裁判所における訴訟でも特許権と比較して無効になりにくいといえます。この場合，ある製品やサービスについて特許権および意匠権の両方でカバーできると，下記のようなメリットが得られます。

- 技術的思想だけではなく外観デザインも保護
- 特許の進歩性が微妙な場合でも意匠で保護
- 同業他社が意匠出願を行っていない場合に意匠の権利化で牽制（ライセンス交渉でも有利に働く）
- 模倣品メーカーのデッドコピーを意匠権で確実に排除

さらに，2020年4月より施行された令和元年改正意匠法により，画像意匠等の保護範囲が広がりました。具体的には，画像が表示される物品と切り離して，画像単体で意匠権を取得することができるようになりました。これにより，前節で紹介したコンピュータソフトウエア関連発明についても，GUI等に特徴がある場合は特許権だけではなく意匠権による保護も検討すべきでしょう。

Appleの画像意匠権保護

GUIの特徴的な動作を特許権および意匠権で保護している例として，Apple社のiPhoneでかつて使われてきた「端末の画面をスワイプしてロックを解除する方法（slide to unlock）」が挙げられます。

[図表3-16] iPhoneの slide to unlock

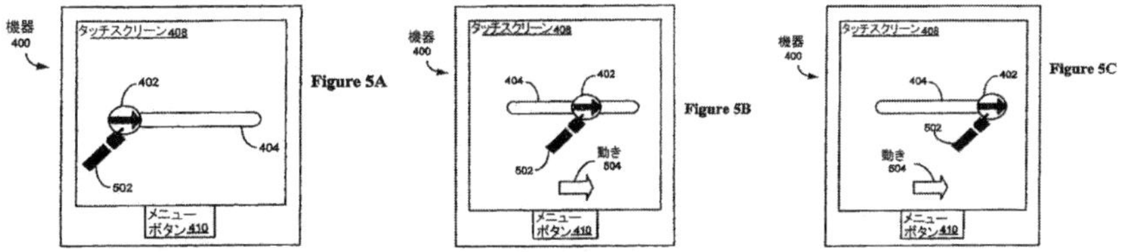

出所：特許第5457679号の図5

　同社が取得している特許第5457679号では，ディスプレイのタッチスクリーンにロックボタンが表示されているときにこのロックボタンを指でスライドさせて所定のアンロック領域に移動させるとロックを解除するという技術について権利が取得されています。

　また，このような技術について，Apple社は意匠権も取得しています。ロックボタンを指でスライドさせる前後の画像について，意匠登録第1518017号では動的意匠（変化する意匠）として保護がなされています。

　具体的には，意匠に係る物品の説明欄において，「〔正面図の表示部拡大図〕に表れた円形部分を右方向に移動操作すると，各〔変化した状態を示す正面図の表示部拡大図〕に示すように，順次変化する」と規定されています。

　また，特許権と商標権の知財ミックスも大きな効果を発揮します。第1章で解説した外国為替（FX）取引における注文方法について，マネースクウェアHDは「トラップリピートイフダン®」，「トラップトレード®」，「リピートイフダン®」等の各注文方法について商標権も取得しています。

　さらには，「トラップリピートイフダン®」の略称である「トラリピ®」や「らくらくトラリピ®」等，多数の周辺の言葉についても商標権による保護を図っています。このことにより，各注文方法について特許権により技術的な参入障壁を築くのみならず，注文方法の名称を他社に真似されることを防止しています。

［図表3-17］ iPhoneの意匠権

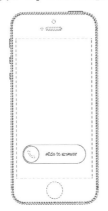

出所：意匠登録第1518017号の正面図の表示部拡大図

［図表3-18］ 表示画像の変化

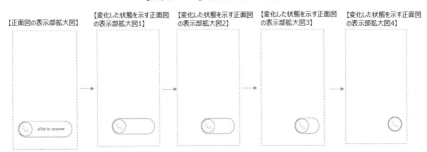

出所：意匠登録第1518017号の変化した状態を示す正面図の表示部拡大図

第3章のまとめ

- 発明の創出は，課題の設定，解決手段の候補の選択，実効性の評価という3つのステップから成り立っており，特に課題の設定が重要である。
- 特許権を取得していても自らの発明を自由に実施できるわけではないが，他者による不正な実施を防ぐことができる。
- 分割出願を活用することにより競合他社に対する牽制を行う。
- ビジネスモデルはICT技術と組み合わせることにより特許権を取得する。
- 新たな製品やサービスについて特許権だけではなく意匠権や商標権による保護を組み合わせることを検討する。

　　「いきなり！ステーキ」のビジネスモデルが特許に

　本章では新たなビジネスモデルにおいて特許権を取得するためには，ソフトウェア技術を組み合わせることで具体的な技術的手段や実装方法として特定する必要があると説明しました。しかし例外も存在します。

　2018年に，飲食店「いきなり！ステーキ」のステーキ提供方法についての特許が有効であると知的財産高等裁判所で判断されました。現在は「いきなり！　ステーキ」は着座形式の店舗がほとんどですが，開業当初は，立食形式のテーブルに客を案内することにより回転率を高め，肉の原価率を下げることによりステーキを低価格で提供するというビジネスモデルで，話題を呼びました。

　ソフトウェア技術を組み合わせることなく，あくまで①お客様を立食形式のテーブルに案内するステップ，②お客様からステーキの量をうかがうステップ，③うかがったステーキの量を肉のブロックからカットするステップ，④カットした肉を焼くステップ，⑤焼いた肉をお客様のテーブルまで運ぶステップという各ステップを実施するステーキの提供システムについて，テーブル番号が記載された札や肉を計量する計量機，カットした肉を区別するためのしるし等を規定することにより特許が認められたのです。

　この特許は，特許庁で一度は登録されたものの，競合他社が本件特許の有効性について異議を申し立てることによりいったん取り消され，知的財産高等裁判所にて再び有効性が認められるという，特許の有効性が二転三転したという複雑なケースとなりました。

　「いきなり！ステーキ」の特許が有効であるという判決が出された後，どうしてこのような特許を出願しようと考えたのか，私はペッパーフードサービスの創業者である一瀬邦夫氏（当時・代表取締役社長）に直接話をうかがったことがあります。

　一瀬氏によれば，「いきなり！ステーキ」のサービスの構想を練るにあたり，まずは40以上のアイデアを思いつくままメモしたそうです。そして，その中には，ステーキのオーダーカット方式でビジネスの特許を取得するという項目があり，ビジネスを始める前から参入障壁をどのようにして高めるかをしっかりと検討し

ていたことがうかがえます。

　その後，「いきなり！ステーキ」の店舗が各地で展開されると大きな話題を呼び，行列ができるほどの人気を博しました。そして特許庁で特許が一度認められた後は，他社は同形態のビジネスになかなか参入することができなかったそうです。さらに，この特許が世間で話題になることにより，マーケティング面でも大いに役立ったそうです。外食産業企業がビジネスの根幹に関わる特許を取得したという珍しさから，マスコミに取り上げられることも多く，斬新なスタイルのサービスとして話題になったと一瀬氏は語っていました。

　このように，今までは知財にあまりなじみがなかった業種でも，特許をはじめとした知財を活用することにより，他社に対する優位を築けるようになりますが，そこにはやはりこのケースのように，経営トップの知財に対する深い理解が必要となってきます。この特許訴訟は，知財と深く関わりのあった業種はもちろんのこと，知財になじみのなかった業種でも，今後は会社の命運を左右する知財戦略について法務部や知財部に任せるのではなく経営トップが先導して社内を引っ張っていくことが益々大切になってくることを示唆しているように思われます。

第 **4** 章

特許情報を活用して新規事業を創出しよう

1　新製品や新サービスの開発に必要な特許情報の分析と特許調査

　第2章で特許情報を活用して新規事業のアイデアを生み出すさまざまな手法とその具体的なステップを紹介したように，特許情報は技術的な進歩やイノベーションの源泉として非常に価値があります。本章では，新規事業を創出するにあたり特許情報をどうやって入手するか，どのようにして活用するかについて具体例を交えながら解説します。

　新製品や新サービスの開発に必要な特許情報分析・特許調査として，大まかに分けると以下の5種類のものがあります。

[図表4-1]　特許情報の分析や特許調査の種類

分析・調査の種類	分析・調査の観点
①技術動向分析	同じ業界で他社がどのような技術開発を行っているか
②競合他社分析	特定の競合他社について，誰がいつどのような技術開発を行っているか
③先行技術調査	これから自社で特許出願を行おうとしている発明がすでに公知になっていないか
④侵害予防調査	自社の新製品が他社の特許権等の知財権を侵害していないか
⑤無効資料調査	特定の他社の特許権を無効にできる資料がないか

これらの5つの種類の分析や調査を，新製品や新サービスの開発プロセスの各ステージに当てはめたのが［図表4-2］です。

[図表4-2] 新製品等の開発プロセスの各ステージにおける分析・調査

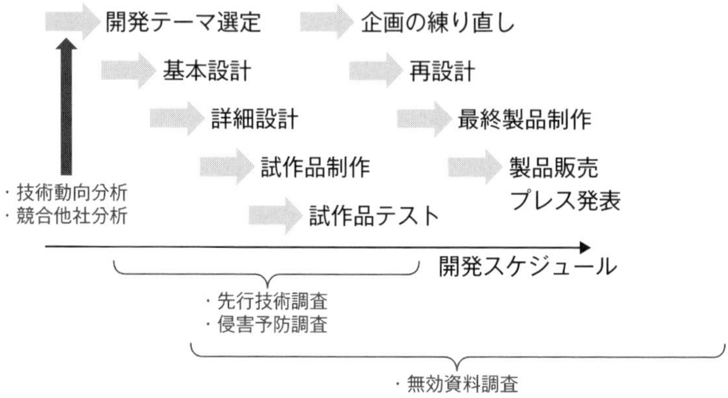

① 技術動向分析

特定の技術分野において，既存の特許情報から技術の動向や開発の方向性を把握します。具体的には，77ページで説明するJ-PlatPat等の特許データベースに登録された特許文献を検索し，自社や競合他社が保有する特許，または関連技術に関する特許を収集し，その特許文献から得られる技術動向情報を分析することで，将来の技術開発や商品開発の方向性を把握します。

ただし，特許情報だけでは市場や技術開発の現状を完全に把握することはできないため，市場調査や専門家の意見など，他の情報源と組み合わせることが重要となります。

② 競合他社分析

特定の競合他社の研究開発の方向性や技術的な焦点を特許情報により調査，把握することをいいます。また，特許の出願数や内容から，その企業の研究開発の活発さや技術的な優位性を評価することも可能です。

　これらの技術動向分析や競合他社分析は，一般的には新製品や新サービスの開発テーマ選定の段階で行われます。

③　先行技術調査

　自社の特許出願前にその技術がすでに公開特許公報や特許公報として公知になっているかどうかを調べます。先行技術調査を行うことで，同じような技術や発明がすでに存在する場合，自社の技術に係る発明の新規性が低いと判断され，特許取得が難しくなる可能性があることを事前に知ることができます。また，他社の特許を侵害するリスクを回避するための情報も得られます。

④　侵害予防調査

　自社の新製品や新サービスが他社の特許を侵害していないかどうかを調べ，侵害リスクを回避するための調査です。新しい製品やサービスを市場に投入する前に，既存の特許情報を精査し，類似の技術や発明が特許として登録されていないかをチェックします。もし侵害の可能性がある場合，その特許の権利範囲や内容を詳細に分析し，製品やサービスの設計変更を検討することでリスクを回避します。この調査は，後に高額な訴訟費用や損害賠償，製品やサービスの差止めを避けるために非常に重要です。

　これらの先行技術調査や侵害予防調査は，新製品や新サービスの基本設計を始めてから最終的に世の中にリリースされるまでの間に行われます。

⑤　無効資料調査

　競合他社等の特定の特許権の有効性を争う際に，その特許の新規性や進歩性を否定するための先行技術や資料を探し出す調査です。この調査により，特許出願前に公開された技術文献や特許公開公報などの情報を収集し，それらが特許のクレームと一致または類似しているかを確認します。もし一致または類似する先行技術が見つかった場合，その特許の新規性や進歩性が否定され，特許無効の根拠となります。

　このように，新製品の開発プロセスの各ステージで求められる分析や調査の種類が変わってきますので，開発段階に応じた適切な作業を行うことが必要になります。

2　特許情報を活用した技術動向分析

　新規事業を計画している技術分野について技術動向分析を行うにあたっては，特許庁が実施している特許出願技術動向調査が参考になります。特許庁では，新市場の創出が期待される分野，国の政策として推進すべき分野を中心に，今後の進展が予想される技術テーマを選定し，特許出願技術動向調査を実施して調査結果の概要をウェブサイトで公開しています[1]。

　特許情報は，いつ，どのような技術が，どの国籍の誰によって，どの国へ特許出願が行われたかを示す知識の宝庫であり，調査の対象となる技術テーマについて分析を行うことにより開発の方向性が見えてきます。

　2019年度から2023年度までの調査対象となった技術分野を以下に提示します。機械，化学，電気・電子等，さまざまな技術分野における注目度の高いテーマについて分析されていることがわかります。なお，調査報告書の詳細については，特許庁図書館，国立国会図書館，各道府県の知財総合支援窓口等で入手可能となっています。

2019年度
●（一般）インフラ設備のIoTを活用した維持管理技術
●（一般）スポーツ関連技術
●（機械）福祉用具
●（機械）宇宙航行体
●（化学）制御ラジカル重合関連技術
●（化学）３Dプリンタ

---

[1]　特許出願技術動向調査 https://www.jpo.go.jp/resources/report/gidou-houkoku/tokkyo/index.html

- （化学）マテリアルズ・インフォマティクス
- （電気・電子）AIを用いた画像処理
- （電気・電子）電子部品内蔵基板
- （電気・電子）Ｖ２Ｘ通信技術

2020年度

- （一般）スマート農業
- （一般）触覚センシング
- （機械）Maas（Mobility as a Service）〜自動運転関連技術からの分析〜
- （化学）プラスチック資源循環
- （化学）中分子医薬
- （電気・電子）機械翻訳
- （電気・電子）撮像装置における画像処理

2021年度

- （一般）教育分野における情報通信技術の活用
- （機械）手術支援ロボット
- （化学）ウイルス感染症対策
- （電気・電子）GaNパワーデバイス

2022年度

- （一般）LiDAR（光による検知と測距（Light Detection and Ranging））
- （機械）スマート物流
- （化学）ヒト幹細胞関連技術
- （電気・電子）ミリ波帯のMIMO及びアンテナ技術（５Gへの応用を含む分析）
- （分野横断）カーボンニュートラルに向けた水素・アンモニア技術（製造から利用まで）

2023年度（予定）

- （一般）パッシブZEH・ZEB
- （機械）ドローン
- （化学）全固体電池

● (電気・電子) ヘルスケアインフォマティクス
● (分野横断) 量子計算機関連技術

　たとえば，2020年度に行われた「スマート農業」の調査報告書[2]では，スマート農業を，農機やロボット，施設などから構成されるフィジカル空間と，収集されたデータを基に管理最適化・新たなサービスの創出等を行うサイバー空間からなる枠組みとして捉え，これらに関連する分野を調査対象としています。

　スマート農業は，実際のリアル空間において圃場や施設にて植付，生育管理，収穫，ポストハーベスト等の農作業が行われる一方，各段階でセンシング技術により収集された各種情報がビッグデータとしてサイバー空間におけるプラットフォームを通して共有されます。そして，ビッグデータ処理AI等の最新の技術を駆使して解析することで，より生産性の高い，付加価値の高い農業生産

[図表 4 - 3] 技術俯瞰図

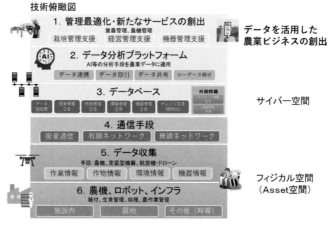

出所：特許庁「令和2年度 特許出願技術動向調査結果概要 スマート農業」（2021年2月）

2　特許庁「令和 2 年度 特許出願技術動向調査結果概要 スマート農業」（2021年 2 月）
　　https://www.jpo.go.jp/resources/report/gidou-houkoku/tokkyo/document/index/2020_
　　01.pdf

を目指します。

　本報告書ではスマート農業を6つのレイヤーに分け，サイバー空間からリアル空間にわたって，「1．管理最適化・新たなサービスの創出」「2．データ分析プラットフォーム」「3．データベース」「4．通信手段」「5．データ収集」「6．農機，ロボット，インフラ」に分類し，各レイヤーについて特許出願動向を分析しています。

　そして，たとえば「AI（人工知能）」に関する特許分類が付与された出願人ごとの特許の出願傾向から，サイバー空間に軸足を置く企業であるClimate社により経営管理支援の「出荷・販売予測」に関する特許出願が多く行われ，サイバー空間に軸足を置く企業はアプリケーションを使った計画策定や工程管理などの営農管理に注力しているということがわかります。

　また，特許出願技術動向調査では，特許出願状況に限らず，スマート農業の市場予測，農機会社の相関図，各国の政策動向，国籍・地域別の論文発表件数の推移や論文発表件数の比率等が掲載されています。そして，これらの情報をもとに，今後のビジネスに向けての提言・示唆が行われています。

3　特許情報プラットフォームJ-PlatPatの活用術

　上述したさまざまな特許情報分析や特許調査を行う際に，無料または有料のデータベースを利用します。無料のデータベースとして，前章でも説明した独立行政法人工業所有権情報・研修館により運営されている特許情報プラットフォーム（J-PlatPat）があります。一方，有料のデータベースは，民間会社により運営されており，特許庁が発行するさまざまな公報が登録されています。

　J-PlatPatの特徴として，アクセスが容易であり，登録無しで無料で利用でき，近傍検索の機能が優れている点が挙げられます。ただし，検索結果のダウンロード数に制限があったり，週末はメンテナンス中であることが多いというデメリットもあります。これに対し，有料のデータベースでは，大量の検索結果のダウンロードが可能であり，J-PlatPatよりもUIに優れているものもあり

ますが，使用時に登録が必要であったり，月額の使用料がかかるという問題があります。

　なお，特許権や特許出願のリーガルステータス（権利状態・生死状態）については，従来はJ-PlatPatで確認することができませんでしたが，2023年末にリーガルステータスのチェック機能がJ-PlatPatに搭載されるようになりました。無料のデータベース，有料データベースのそれぞれにメリット，デメリットがありますので，調査の目的に応じて使い分けるのが大事です。

　ここでは，無料で利用できる特許情報プラットフォーム（J-PlatPat）について解説します。Google等で検索窓に「J-PlatPat」という言葉を入れて検索を行うと，［図表4-4］のようなJ-PlatPatのトップページが表示されます。特許番号や公報番号がわかっている場合は，これらの番号から特定の特許公報

［図表4-4］ J-PlatPatのトップページ

出所：https://www.j-platpat.inpit.go.jp/

や特許公開公報をみつけることができます。また，キーワード検索や特許分類
による検索も可能です。

　J-PlatPatで特許情報を入手するにあたり，大まかにはキーワード検索およ
び特許分類による検索という2つの検索方法があります。これらの2つの検索
方法の特徴，利点および欠点は以下の通りです。

[図表4-5] キーワード検索と特許分類による検索の比較

	キーワード検索	特許分類による検索
特徴	検索対象の公開公報に含まれるキーワードを元に検索する方法	特定の特許分類に属する公開公報を検索する方法
利点	・単語を入力するだけで簡単 ・検索対象の文書全体を網羅的に検索できる ・最新の技術用語で検索できる	・検索漏れやノイズが少ない ・公開公報が特定の技術分野に関するものであることが保証される ・同じ技術分野に関連する公開公報をまとめて検索できる
欠点	・同じキーワードでも異なる表現が存在する場合に漏れが発生する ・キーワード以外の情報を含んだ文書に対しては有効でない	・技術分野に属する公開公報以外には有効でない ・特許分類の体系が複雑であるため，正確な分類が困難な場合がある ・最新の技術については分類が整備されていない場合がある

　たとえば，衛生用品のマスクについて調べたいときに，キーワード検索で
「マスク」という言葉で検索すると，写真技術や印刷技術で用いられるフォト
マスクやエッチングマスク等がヒットしてしまう等，ノイズが多く生じる場合
があります。一方，特許分類による検索を行った場合は，検索漏れやノイズが
少なくなるという利点がありますが，適切な特許分類をみつけるには一定の技
量が必要になります。

　取得したい特許情報の分野や特許分類についての知識に応じて，適切な検索
方法で特許情報の取得を行うようにしましょう。

4　AIを活用した特許検索ツール

　近年，AI技術の進化は目覚ましく，特許検索ツールでもAIを活用したものが増えています。AIを利用することで，高度な自然言語処理技術や機械学習技術を活用して，最近では短時間で精度の高い特許検索を可能としています。また，AIを活用した特許検索ツールの特徴として，検索式を立てなくても概念検索により技術的に近い文献をみつけることができる場合があるということが挙げられます。

　AIを活用した特許検索ツールにはさまざまなものがありますが，ここではその中の1つのサービスとして「Amplified」[3]を取り上げます。

[図表4-6] AIを活用した特許検索ツール「Amplified」

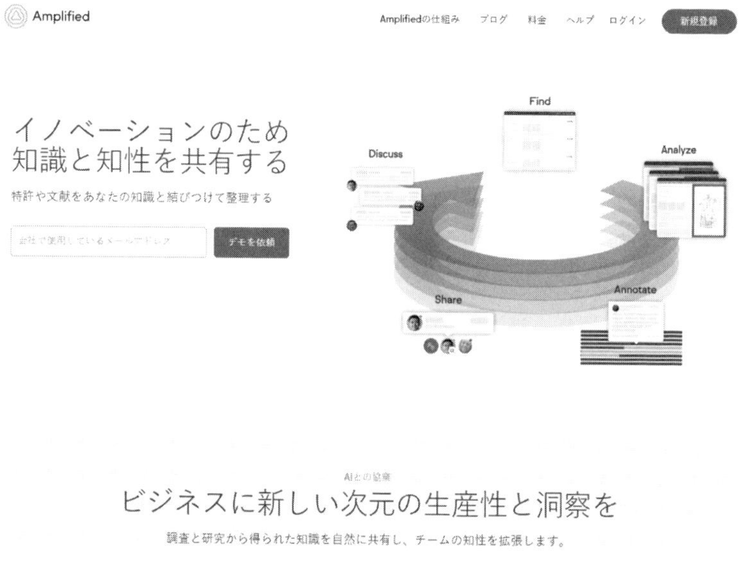

出典：株式会社Amplified AI ウェブサイトより

3　https://www.amplified.ai/ja/

この検索ツールでは，発明の説明としての文章を入力すると，AIがテキストベースで判断して類似する特許群がソートされた状態で表示されます。また，発明の説明として入力されたテキストベースの文章だけではなく，キーワード検索でソート結果の絞り込みも行うことができます。また，Amplifiedには，要約生成やキーワード提案といった生成AIを用いて調査をサポートする検索読解支援の機能も入っています。

このような特許検索ツールを利用する上で大事になってくるのが，発明の説明として入力される文章をいかに練り上げるかです。具体的には，「特定の技術分野Aにおいて，必須要件Bが発明の本質Cである」というように，発明の技術分野，必須要件，発明の本質という3つの要素を明確にします。

---

① 技術分野

　まず，調査対象となる発明が属する技術分野を特定する。たとえば，機械工学，化学，生物学，電気・電子工学，情報通信技術などである。このような分野を特定することで，調査の対象範囲が狭められ，関連する文献を特定しやすくなる。

② 必須要件

　次に，調査対象の発明に必ず備わっている要件を抽出する。必須要件を明確化することにより，調査の対象範囲が狭められるとともに，必須要件から外れる文献を除外することができる。

③ 発明の本質

　最後に，調査対象の発明の本質を明確化する。発明の本質とは，発明者が実現しようとした技術的課題の解決手段であり，発明の保護範囲を定めるために重要な要素である。発明の機能や構造を明確化し，他の類似技術や既知技術との差異を把握することが重要である。

このような3つの要素を明確にすることにより，AI特許検索ツールでも探したい特許文献をより短期間でかつ精度良く発見することができるようになるでしょう。

5 特許明細書の読解を手助けしてくれるサービス「サマリア」

　特許明細書は，発明の内容や技術的な詳細を正確に記述するための文書であり，その性質上，専門的な用語や独特の表現が多用されます。これは，発明の内容を明確にし，第三者による模倣や侵害を防ぐためです。しかし，このような専門的な記述は，一般の読者にとっては読解が難しいという問題があります。特に，特許のクレーム部分（特許請求の範囲）は，発明の範囲を正確に定義するための言葉選びが重要となるため，非常に緻密で複雑な表現が用いられることが一般的です。このため，特許明細書の理解には，その分野の専門知識や経験が求められます。

　これに対し，2023年4月に，さまざまな目的に応じた特許明細書の要約文を作成することにより読解支援サービス「サマリア」がパテント・インテグレーション株式会社よりリリースされました。サマリアはブラウザ上で利用するこ

[図表4-7] 特許明細書の読解支援サービス「サマリア」の使い方

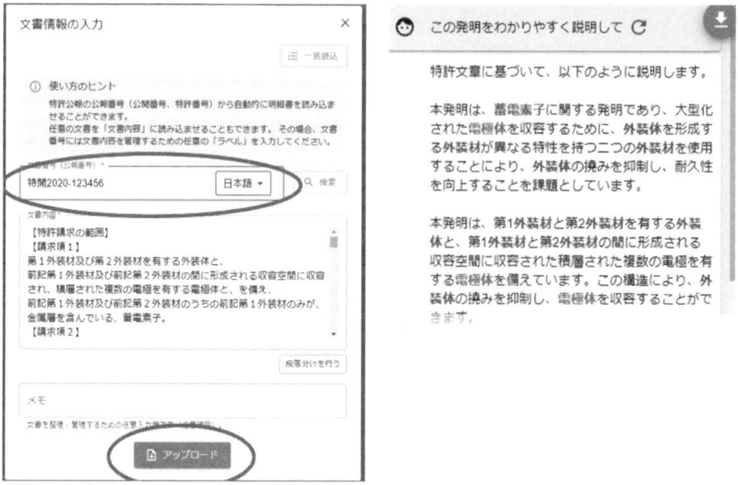

出所：パテント・インテグレーション株式会社のウェブサイト
　　　（https://patent-i.com/summaria/）

とができ，ログインした後に特許番号や公開公報番号を入力するだけで特許文書を取得することができます。

　また，「この発明の課題と用途を教えて」「この発明をわかりやすく説明して」「この発明を簡潔に要約して」等の質問をプルダウンメニューで選択すると，生成AIを活用することにより質問内容に対応する要約が表示されます。また，特許番号や公開公報番号を入力すること以外にも，さまざまな文書を手動でアップロードすることも可能です。このサービスを活用することにより，特許明細書全文を読まなくても要約文を見ることにより特許明細書の読解を効率的に行うことができるようになります。

　また，サマリアには上記のような特許明細書の要約文の作成機能以外にも，以下のさまざまな機能があります。

●用語定義の説明作成

　特許明細書で使用される技術用語や専門用語をAIアシスタントがわかりやすく説明します。特許文書の内容を短時間で理解できます。英語・中国語にも対応しています。

●用語から要約文を作成

　特許明細書から複数のキーワードを指定して，明細書中のキーワードに関連する箇所に基づき，わかりやすい要約文を簡単に作成することができます。

●ハイライト表示

　特許明細書に含まれるキーワードに対してさまざまな色によりハイライト表示をすることにより，難解な特許明細書を効率的に読み進めることができます。

●スクリーニング支援機能

　製品仕様や対象発明と特許明細書との関連性をAIアシスタントに質問することができます。AIアシスタントは関連度（スコア）とともに検討結果を文

書で回答します。

● 分類付与／分類作成

　分類定義に従って特許明細書に分類を付与（タグ付け）したり，課題・構成などの分類軸で分類を作成したりします。AIアシスタントは分類名，関連度，検討結果を文書で回答します。

● 発明評価支援機能

　独自の評価項目・評価基準に従って特許文書を評価します。「革新性」「侵害特定性」など評価基準に従って特許文書の発明をランク付けし，評価結果を文書で回答します。

　このような特許明細書の読解を手助けしてくれる「サマリア」等のツールを活用することにより，特許情報の分析や特許調査をよりスムーズに行うことができると考えられます。

第4章のまとめ

- 新製品等の開発プロセスの各段階に応じた特許情報の分析や特許調査を行う必要がある。
- 特許庁が実施している特許出願技術動向調査を活用することにより新たな技術分野でビジネスを行う際の提言や示唆を得ることができる。
- 無料の特許検索ツールとして，特許情報プラットフォーム（J-PlatPat）によりキーワード検索や特許分類による検索を行うことができる。
- 近年は，検索式を立てなくても概念検索により技術的に近い文献を見つけることができるAI特許検索ツールが増えている。
- 読解支援サービス「サマリア」では，生成AIを活用することにより特許文書の要約を短時間で行うことができる。

| コラム4 | スタートアップやベンチャーにとっての知財 |

　革新的な技術やアイデアをもとに創業するスタートアップやベンチャーにとって，技術やアイデアなどの知財が主な財産であり，競争力の源泉となっています。しかし，一昔前はスタートアップやベンチャーにとって知財はあまりなじみがないものでした。人的リソースや金銭的リソースが限られる中，すぐには事業の売上に直結しない知財にまで手を回す余裕がなかったというのが実情でした。

　しかし，クラウド会計の仕分項目を判定するアルゴリズムについて，フリー株式会社が同業のマネーフォワード株式会社に対して，特許権侵害を理由とした差止めおよび損害賠償を求めて裁判所に提訴したことにより，状況は一変します。スタートアップ同士の特許をめぐるこの争いは，最終的には特許権を侵害していないとして被告であるマネーフォワード社が勝訴しましたが，もしマネーフォワード社が負けていれば自社サービスが差し止められることにより大きな痛手を受けていたかもしれません。

　この裁判をきっかけに，スタートアップやベンチャーの間でも知財の重要性についての認識が高まりました。とりわけ，上場を検討しているスタートアップにとって，知財に関する訴訟等の紛争を抱えていることは上場にネガティブな影響を与えます。たとえば，アメリカにおいて2012年にFacebook社が上場する直前にヤフー社に特許侵害訴訟を提起されるという事件がありました。最終的には和解となりましたが，そのためにはFacebook社はカウンターとなる数百件の特許を他社から購入し，ヤフー社に対して逆に特許侵害訴訟を提起する必要がありました。このことからもわかるように，スタートアップにとっては上場直前での他社との知財紛争は極力避ける必要があります。実際，マネーフォワード社の上場は判決が出されてから2カ月後になり，特許侵害訴訟が同社の上場に対して影響を与えていたことがうかがえます。

　近年は特許庁や日本弁理士会が主体となってスタートアップに対する知財面での啓蒙や支援の動きが加速しています。スタートアップやベンチャーにとってなじみの薄い知財について，特許庁は，スタートアップ等が知財についての知識を深め，知財専門家とつながることのできるサイトとして知財コミュニティポータ

ルサイト「IP BASE」を開設しました。このサイトは，スタートアップ関係者（スタートアップやベンチャーキャピタル，アクセラレーターなど）と，知財専門家（弁理士や弁護士など）の双方が参加するコミュニティの基地となることを目指して運営されています。

　また，特許庁は2018年から毎年「知財アクセラレーションプログラム（IPAS）」を実施しています。このプログラムでは，公募により採択されたスタートアップが，成長を加速させるための知財戦略を，メンターと約半年にわたって構築していきます。IPASの特徴として，知財の専門家とビジネスの専門家によりチームを構築し，知財のみならずビジネス面でのメンタリングを行うことにあります。これにより，スタートアップは，会社の現状や課題等について，知財とビジネスの両面から将来の事業戦略をブラッシュアップさせることができます。

　日本弁理士会もスタートアップや中小企業向けの特設サイトを開設したり，スタートアップ向けの知財に関するセミナーを定期的に行ったりする等，スタートアップやベンチャーに向けた支援を精力的に行っています。

　スタートアップやベンチャーにとっても知財はビジネス戦略の一部として検討すべき要素です。競争環境や業界に応じて適切な知財戦略を策定し，ビジネスの成長と保護に役立てることが重要です。そのため，先ほど解説した特許庁のIP BASEや日本弁理士会の支援活動は大きな助けになりますので，ぜひサイト等にアクセスしてみましょう。

第 **5** 章

AI（人工知能）ビジネスと知的財産

1 近年のAIビジネスの隆盛

日本におけるAIブームの歴史

　近年，ビジネスに関するニュースで「AI」という言葉を聞かない日はないというほどAIビジネスの勢いが増しています。

　AIに関して，これまでに３度の大きなブームが訪れました。1960年代に第１次AIブームが始まり，1980年代から1990年頃にかけて第２次AIブームが巻き起こりました。第２次AIブームにて流行したのは，知識ベースモデル，エキスパートシステム等の技術でしたが，事前にあらゆる事象のルールをコンピュータに教え込むことの難しさから，ブームは終焉を迎えました。また，古くからあるニューラルネットも当時盛んに研究されていましたが，コンピュータの性能の限界が生じ，こちらもブームは一時的なものに終わりました。

　その後，2000年頃からディープラーニングの出現によって第３次AIブームが到来しました。第３次AIブームが生じた要因は，機械学習における過学習を抑制する手法の開発や，計算機の性能向上とデータ流通量の増加によって，AI関連の理論の実用化が可能になったことであるといわれています。

　たとえば，深層学習の肝である，ニューラルネットの多層化という発想自体は数十年前からありましたが，莫大な計算コストが問題となり，これまで研究

が進んでいませんでした。しかし2012年にカナダのトロント大学のチームが，世界的な画像認識のコンテストにおいて深層学習を使って圧勝したことが1つの契機となり，今に至る第3次AIブームが生じました。

現在，私たちは新たな波としてChatGPTに代表されるような生成AIブームを体験しています。これは第3次AIブームの延長とも，新しい第4次AIブームのはじまりとも言われています。近年のAIビジネスの隆盛は，この連続するブームの結果であり，その影響と可能性は計り知れません。

本章では，AIビジネスと知的財産との関係について，AIビジネスを特許でどのように保護するか，そして最近話題の生成AIと知財について述べていき

［図表 5 - 1］ AIブームの歴史

	人工知能の置かれた状況	主な技術等	人工知能に関する出来事
1950年代			チューリングテストの提唱（1950年）
1960年代	第一次人工知能ブーム（探索と推論）	・探索，推論 ・自然言語処理 ・ニューラルネットワーク ・遺伝的アルゴリズム	ダートマス会議にて「人工知能」という言葉が登場（1956年） ニューラルネットワークのパーセプトロン開発（1958年） 人工対話システムELIZA開発（1964年）
1970年代	冬の時代	・エキスパートシステム	初のエキスパートシステムMYCIN開発（1972年） MYCINの知識表現と推論を一般化したEMYCIN開発（1979年）
1980年代	第二次人工知能ブーム（知識表現）	・知識ベース ・音声認識	第五世代コンピュータプロジェクト（1982～92年）
1990年代		・データマイニング ・オントロジー	知識記述のサイクプロジェクト開始（1984年） 誤差逆伝播法の発表（1986年）
2000年代	冬の時代 第三次人工知能ブーム（機械学習）	・統計的自然言語処理 ・ディープラーニング	ディープラーニング技術の提唱（2006年）
2010年代			ディープラーニング技術が画像認識コンテストで優勝（2012年）

出所：総務省『ICTの進化が雇用と働き方に及ぼす影響に関する調査研究』（2016年3月）から作成（https://www.soumu.go.jp/johotsusintokei/linkdata/h28_03_houkoku.pdf）

ます。

AIに関する発明の特許出願状況

　まずはAIに関する発明についてどれくらい特許出願が行われているかみていきましょう。［**図表 5 - 2**］のように，1980年代から1990年頃にかけて巻き起こった第 2 次AIブームでは日本国内で特許出願件数が増えたものの，その後の冬の時代には約20年にわたって特許出願件数は低調に推移していました。

　しかし，2000年頃からディープラーニングの出現によって第 3 次AIブームが到来すると特許出願件数も徐々に増え始め，2014年頃からは急激な伸びを見せています。具体的には，2014年には特許出願件数は1084件でしたが，その 6 年後である2020年には5745件と約 5 ～ 6 倍に増加しました。また，AI関連発明に関する特許出願の特許査定率は2004年以降，年々上昇しており，近年は80

［図表 5 - 2 ］AI関連発明の国内出願件数の推移

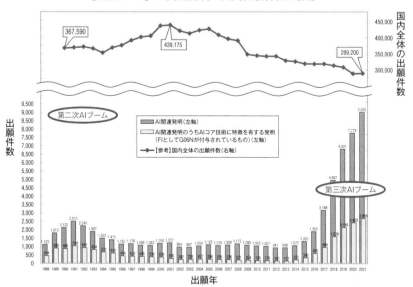

出所：特許庁『2023年度AI関連発明の出願状況調査結果概要』をもとに作成
　　　（https://www.jpo.go.jp/system/patent/gaiyo/sesaku/ai/document/ai_shutsugan_chosa/gaiyo.pdf）

％前後で堅調に推移しています。

　特許出願が行われている発明についてAIの適用先は画像処理が一番多く，AIの計算原理，ビジネスモデル，医学診断等が続きます。画像処理に関するAI特許について具体的な事例を以下に紹介します。

AI特許に関する医療ビジネスの事例

　メディホーム株式会社は歯科パノラマエックス線画像によるAI診断の研究開発を行っています。具体的には，保険会社等の民間企業に本技術を提供することにより，日本初の歯科AI利用を開始しています。

　歯科AI診断の導入は，歯科医師の読影負荷の軽減や精度の均一化，見落しリスクの軽減，病気の早期発見などが期待されており，経営状況が厳しい歯科診療所も多い中で，導入により得られるメリットも多いと言われています。一方で，精度の高いAIの実現には，質の高い大量の教師データに加え，歯科医師によるアノテーション作業が必要となります。さらに，医療現場に導入するためには，まだAI機器としての事例が少ない医療機器認証などを取得する必要もあるなど，課題も多くあります。

　同社は2018年より歯科パノラマX線画像から病変や治療痕，歯根を検知するための基礎研究を行っています。開発を進める中で，新たなAIフレームワークの適用や画像処理技術等の向上により，特定用途では実用レベルまでAI性能を向上させました。2021年には，歯科医師に代わってパノラマX線画像を読影するソフトをクライアント企業に提供しており，日本で初めて歯科用AIを商用利用した事例となりました。歯科パノラマX線画像は，ほぼすべての歯科クリニックで撮影が可能であることに加え，初診時に撮影するケースが多いため，規格化された画像として多くのイメージが存在します。1枚の画像で広範囲の口腔情報を得ることができ，目視ではわからない歯根の様子や治療痕，う蝕，場合によってはがん等の大きな病気まで写り込むこともあるため，診察時間の短縮化や治療促進のツールとしての活用が期待できます。

[図表 5 - 3] AIによる歯科診断のイメージ

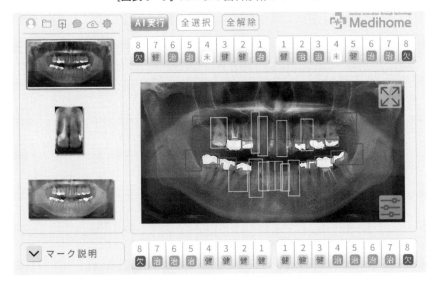

出所：メディホーム株式会社より

　この診断AIについて，同社は特許出願も行っています（特願2021-197832号）。特許出願時の請求項1は以下のようになっており，あらかじめ特定された歯の領域と，歯の領域に含まれる歯に対応する歯式とを口腔画像に重ねて出力画像を作成することを特徴としています。

【請求項1】
　歯を被写体として含む口腔画像と歯に対応する表とを出力する出力装置であって，
　前記口腔画像を取得する画像取得部と，
　取得した前記口腔画像に含まれる口腔内の状況を示す表を作成する表作成部と，
　あらかじめ特定された歯の領域と前記歯の領域に含まれる歯に対応する歯式とを前記口腔画像に重ねて出力画像を作成する画像作成部と，
　作成された前記出力画像と作成された前記表とを出力する出力部と，を備える出力装置。

[図表5-4] 診断AIの発明内容

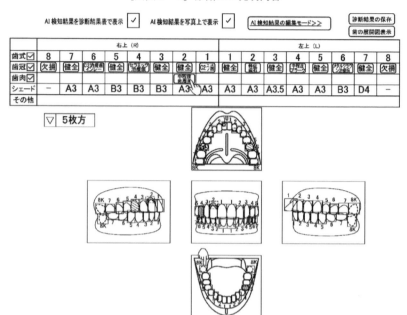

出所：特願2021-197832号に対応する特開2023-083874の図2

　このような特許出願を行うことにより，X線画像を用いてAIを活用して歯科診断を行うというサービスを，他の事業会社が展開することに対する大きな参入障壁となる可能性が高まります。新たに市場に参入しようとする企業等にとっては，上記の特許出願の技術を設計変更等により回避する必要があるため，競合他社との差別化や市場のリーダーシップを維持するための強力な武器となります。

2　AIを活用したビジネスモデルを特許で保護する

　それでは，AIを活用したビジネスモデルを特許でどのように保護すればよいでしょうか。ここでは，教師あり学習による機械学習に関する特許権の取得

テクニックを紹介します。

　教師あり学習とは，既知となった過去の入力データと出力データを機械学習アルゴリズムにあらかじめ与えることで，それらを正解データとして計算する機械学習の手法のことをいいます。たとえば，大量の動物の画像データが存在した時に，「これは猫」「これは虎」といったようにあらかじめラベリングをしておきます。十分な正解データを用意し，それらを教師（正解）として機械学習を行います。未学習の画像を読み込ませた場合にも，正解の中から一致するデータを見つけ出し，動物の種類を判定することができます。

[図表 5 - 5] 教師あり学習の仕組みについて

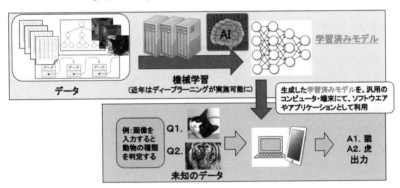

出所：特許庁審査一部調整課審査基準室『AI関連技術に関する事例の追加について』（2019年1月30日）
（https://www.jpo.go.jp/system/laws/rule/guideline/patent/document/ai_jirei/jirei_tsuika.pdf）

　このような教師あり学習による機械学習の仕組みについて，特許を取得する方法として以下の3つの方法が考えられます。

> 第1の方法　上段の学習済みモデル作成に関する特許を取得
> 第2の方法　上段の学習済みモデル作成および下段の動物の種類の判定処理も含めた一体としてのシステムに関する特許を取得

> 第3の方法　下段の動物の種類の判定処理に関する特許を取得（上段で作成された学習済みモデルを活用）

　第1の方法により特許を取得する場合は，以下のような請求項が考えられます。

【学習済みモデル作成に関する請求項】
動物の画像およびこの画像に映っている動物の種類を含む教師データを用い，動物の画像から当該画像に映っている動物の種類を推定する推定モデルを機械学習により生成するモデル生成方法。

　このようなモデル生成方法による特許では，教師データとして動物の画像およびこの画像に映っている動物の種類を規定しています。そして，動物の画像から当該画像に映っている動物の種類を推定する推定モデルを機械学習により生成するようなモデル生成方法について権利範囲を定めています。

　また，第2の方法では，上述した学習済みモデルの作成に加え，「動物の画像から種類を判定する」ことを特許の権利範囲に含めるようにします。第2の方法により特許を取得する場合は，以下のような請求項が考えられます。

【学習済みモデル作成・判定処理一体のシステムに関する請求項】
動物の画像およびこの画像に映っている動物の種類を含む教師データを用い，動物の画像から当該画像に映っている動物の種類を推定する推定モデルを機械学習により生成するモデル生成手段と，
動物の画像を受け付ける受付手段と，
前記モデル生成手段により生成された推定モデルを用いて，前記受付手段が受け付けた動物の画像からこの画像に映っている動物の種類を推定する処理手段と，
を備えた，動物種類判定システム。

　しかし，第1の方法や第2の方法では，競合他社が自社で推定モデルを生成するのではなく，提携先の他社から推定モデルを提供してもらい，提供してもらった推定モデルを用いて動物の画像から種類を判定する場合には，この競合

他社は「モデル生成手段」を実施していないため特許を侵害していないと判断される可能性があります。このため，第3の方法として，学習済みモデルの作成を構成要素から外し，動物の画像から種類を判定することのみを構成要素として規定することが必要になってきます。第3の方法により特許を取得する場合は，以下のような請求項が考えられます。

【判定処理に関する請求項】
動物の画像を受け付ける受付手段と，
動物の画像およびこの画像に映っている動物の種類を含む教師データを用いることにより機械学習によって生成された推定モデルを用いて，前記受付手段が受け付けた動物の画像からこの画像に映っている動物の種類を推定する処理手段と，
を備えた，動物種類判定システム。

　このような第3の方法により作成された動物種類判定システムによる特許では，競合他社が自社で推定モデルを生成するのではなく，提携先の他社から推定モデルを提供してもらう場合でも特許を侵害していると判定されるようになり，競合会社のサービスを止めることができる可能性が高まります。

　このように，機械学習に関する特許権を取得する場合は，どのような方法で特許請求の範囲を規定するかが非常に重要になってきます。

AI関連発明はクレームの表現が重要

　また，前章でも述べましたが，AI関連発明を特許のクレームで規定する場合は，侵害の立証容易性を高めるようなクレームの表現方法が大事になります。たとえば，プログラムのアルゴリズムをクレームに記載した場合は，競合他社が特許権を侵害しているか否かを検出することができない場合があります。競合他社の製品がどのようなアルゴリズムで処理を行っているかは，コンピュータの内部処理であるため立証することが困難だからです。とりわけ，近年ではAIサービスについてクラウドを活用したサービスが増加していますが，ユー

ザの端末ではなくクラウド側でプログラムが実行されるときは，コンピュータによる処理内容を検出することが困難であり，侵害を立証することができない場合があります。このため，AI関連発明では侵害検出性を向上させるために特許明細書，とりわけクレームの書き方を工夫する必要があります。

3　生成AIを利活用したサービスに関する特許について

　2022年から2023年にかけて登場したChatGPT等の生成AI（ジェネレーティブAI）は今後のビジネスに大きな変革をもたらそうとしています。OpenAIが開発した言語生成AIモデルであるChatGPTは，人間と同様の自然な対話を可能にするチャットツールとして大きな話題を呼んでいます。

　生成AIとは，コンピュータが学習したデータをもとに，新しいデータや情報をアウトプットする技術であり，大別して画像生成AIと言語生成AIの2つがあります。最近はChatGPTに代表されるAIチャットサービスがその性能の良さから広く知られるようになりました。

事例紹介

　このような生成AIの隆盛に伴い，生成AIを利活用したさまざまなビジネスやサービスが展開されています。たとえば，ユーザが口コミや写真を投稿可能なグルメレビューサイト「食べログ（登録商標）」を運営する株式会社カカクコムは，2023年5月にChatGPTプラグインの提供を開始しました。このプラグインでは，ChatGPTに対して希望のエリアや料理ジャンル，予約したい日時や人数を指定することで，ネット予約の空席があるお店を探す体験を提供しています。また，ChatGPTの検索結果から食べログに移動してネット予約を完了することができます。

　また，日本の法律相談に特化したオンライン法律相談サービスを提供する弁護士ドットコムは，2023年5月にChatGPTを活用した法律相談チャットサービスの試験提供を開始しました。ウェブサイト上で法律相談の質問を入力する

と，同社が過去に蓄積してきた125万件以上の法律相談のやり取りのデータを
もとにAIが自動的に相談の内容に対応した文章を作成し，ウェブサイトに表
示することにより質問者は瞬時に回答を得ることができます。

　生成AIを利活用したさまざまなビジネスやサービスの展開とともに，この
ようなサービス等に関する特許出願も増えています。たとえば，AIを使った
画像・映像解析を手掛けるニューラルポケットの元CTOである佐々木雄一氏
が2023年３月に立ち上げたSpiral.AIでは，生成AIの企業への導入を支援する
サービスを行っていますが，同社はいち早く生成AIについて複数の特許権を
取得しています。

　同社が取得した特許第7313757号は，決められた文字数の範囲内で，入力さ
れた質問文に対して有効な文章を参考情報として加えたプロンプトを生成でき

［図表5-6］生成AIを利活用した特許の事例

質問文に参考情報を加えて生成したプロンプトを
LLMに入力して回答文を得る内容の一例

プロンプト

> 以下の#質問に答えてください。答える際には，#参考事実に書かれている
> 内容を参照して，それに基づいて回答してください。
>
> #質問
> 　明日の広島は洗濯物を干すのに適していますか？
>
> #参考事実
> 　―明日は全国的に天気が崩れる
> 　―台風は東日本に抜ける。勢力は弱まりつつある
> 　―西日本では晴れ間も予想されている

LLM

> #回答
> 　明日の広島では晴れ間も予想されています。ただし，台風の影響を受けて
> 全国的に天気が崩れがちなため，必ずしも洗濯物を干すのに適した天気では
> ありません。

出所：特許第7313757号の図13

るようにする発明に関するものです。この特許では，ユーザがスマートフォン等のユーザ端末で質問文を入力して送信すると，入力された質問文をもとに，質問文の文字数と合わせたトータルの文字数が大規模言語モデル（LLM）に入力可能な制限を超えない文字数で，入力された質問文に関連した追加文章を生成します。たとえば，ユーザがユーザ端末で「明日の広島は洗濯物を干すのに適していますか？」といった質問文を入力して送信したときに，［図表5-6］に示すように，#参考事実で示される3つの追加文章を生成し，この追加文章を質問文に加えてプロンプトを生成します。［**図表5-6**］の例では，プロンプトの冒頭に「以下の#質問に答えてください。答える際には，#参考事実に書かれている内容を参照して，それに基づいて回答してください。」といった文章も追加しています。入力された質問文と追加文章とを合わせて構成されるプロンプトのトータルの文字数が，大規模言語モデルの入力文字数の制限を超えないように追加文章を生成することが，この発明の特徴となっています。

ケーススタディ：生成AIサービスの具体例

それでは，生成AIを利活用したサービスに関する発明の発掘および権利化を行うにあたり，以下のような仮想事例について検討したいと思います。

【仮想事例】
　一般のユーザが自身の料理レシピを投稿し，他のユーザと共有できる場所を提供するインターネット上のコミュニティープラットフォームとしてレシピ投稿型サイトが近年多くのユーザに広まっている。このようなサイトではレシピ，写真，調理手順，材料リスト，コツや秘訣，レビューや評価などを投稿することができる。レシピの評価やレビュー機能を通じて，ユーザはレシピの品質を判断したり，自身の料理経験を共有したりすることができる。
　一方で，レシピ投稿型サイトに投稿されるレシピの数は非常に多く，個々のレシピについて安全性等を十分にチェックできないという課題がある。2017年には，生後6カ月の男児がはちみつを離乳食として摂取したことが原因で，乳児ボツリヌス症を発症，死亡するという事故が発生したが，レシピ投稿型サイ

トで「離乳食」と検索すると，1歳未満も摂取する可能性があるレシピであり
ながら材料にはちみつを含むものが多数見受けられ，注意喚起が不足している
のではとの指摘も相次いでいた。このような指摘を受け，レシピ投稿型サイト
の運営会社はトップページや乳幼児向けレシピ内に注意喚起ページへのリンク
を掲載し，ユーザへの情報発信や投稿済みレシピのチェック体制も強化すると
発表した。

　また，ベジタリアンは肉や魚を食べないのに対し，ヴィーガンは肉や魚だけ
でなく卵，乳製品，はちみつも口にしない。近年では，レシピ投稿型サイト内
でヴィーガン向けの特設サイトも設置されているが，ヴィーガンに対する理解
が不十分なことにより，一般ユーザが卵やはちみつが入った料理レシピをヴィ
ーガン向けのものとして投稿してしまうおそれがある。単なるキーワード検索
（たとえば，卵，乳製品，はちみつ等の文字が含まれるレシピを除外する）では
十分なスクリーニングを行うことができない場合や，ヴィーガン向けに適して
いるレシピを除外してしまったりする場合がある。

　さらに，宗教によってはタブーとなる食べ物があるが，宗教に対する理解が
不十分なことにより，特定の宗教徒向けの料理レシピにタブーとなる食べ物が
含まれてしまうことがある。

　上述した課題に対し，レシピ投稿サイトにおいて対象者に関する特定のタグ
（乳幼児向け，ヴィーガン向け，等）が付けられた投稿レシピについて，クロ
ーラーにより自社のレシピ投稿サイト内を巡回することによってスクレイピン
グを行い，レシピの内容がタグ付けに適したものであるか否かを言語生成AI
により判定させるというビジネスを考えた場合に，このようなビジネスをどの
ように特許権で保護するかについて解説します。

　まずは，このようなサービスを提供するにあたり，サービスの提供会社が大
規模言語モデル（LLM）を自社で構築するか，外部の大規模言語モデルサー
バを利用するかで場合分けを行い，それぞれの概念的な構成図を作成します。
たとえば，サービスの提供会社が外部の大規模言語モデルサーバを利用する場
合は，［図表5-7］のような構成図となります。

[図表 5 - 7] 外部の大規模言語モデルサーバを利用するケース

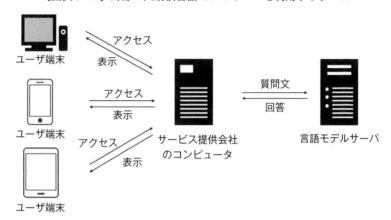

次に，各構成要素間で送受信される情報について規定します。たとえば，ユーザ端末とサービス提供会社のコンピュータとの間では，一般ユーザがユーザ端末でレシピ投稿サイトにアクセスすると，レシピ投稿サイトがユーザ端末に表示されるように，ユーザ端末からサービス提供会社のコンピュータにはアクセス情報が送信され，サービス提供会社からユーザ端末にはウェブサイトの表示内容の情報が返信されます。また，サービス提供会社のコンピュータと言語モデルサーバとの間では，サービス提供会社のコンピュータから質問文（プロンプト）が送信されると言語モデルサーバにおいて質問文に対する回答が演算され，回答が言語モデルサーバからサービス提供会社のコンピュータに送信されます。

権利範囲の策定

特許権を取得するための発明を考えるにあたり，まずは上述したような各構成要素間で送受信される情報の流れを整理します。

(a) サービス提供会社のコンピュータにおいて，クローラーにより自社のレシピ投稿サイト内を巡回することによってスクレイピングを行う。

(b) スクレイピングにより取得された料理レシピと，料理の対象と，料理レシピが対象に適したものであるか否かを判定させる質問とを含む質問文（プロンプト）をサービス提供会社のコンピュータから言語モデルサーバに送信する。

(c) 言語モデルサーバにより演算された質問に対する回答をサービス提供会社のコンピュータが言語モデルサーバから受信する。

(d) 料理レシピが特定の対象に適したものでないと大規模言語モデルにより判定された場合は，レシピ投稿サイト上で注意喚起を行ったり料理レシピを非表示としたりする。

　次に，このような情報の流れから特許出願における権利範囲を策定します。最初の(a)については，クローラーにより自社のレシピ投稿サイト内を巡回する以外にも，たとえば一般ユーザから問い合わせフォーム等で個別に投稿されているレシピについて誤りの指摘があった場合にも同様の処理を行うことが考えられるため，特許権の権利範囲における必須の要件ではないと判断します。また，最後の(d)についても，料理レシピが特定の対象に適したものでないと大規模言語モデルにより判定された場合に，レシピ投稿サイト上で注意喚起を行ったり料理レシピを非表示としたりする方法以外にもさまざまな対処方法が考えられるため，こちらも特許権の権利範囲における必須の要件ではないと判断します。

　そうすると，レシピ投稿サイトの運営会社のサーバについて装置クレームを立てる場合に，特許権で最も広い権利範囲となり得る請求項1は以下のようなものが考えられます。

【請求項1】

　プログラムを実行することにより送信手段と，受付手段として機能するコンピュータであって，

　前記送信手段は，料理レシピと，料理の対象と，前記料理レシピが前記対象に適したものであるか否かを判定させる質問とを含むプロンプトを言語モデルサーバに送信し，

　前記受付手段は，前記言語モデルサーバにより演算された前記質問に対する回答を前記言語モデルサーバから受け付ける，コンピュータ。

また，ChatGPT等の言語生成AIにおいて，質問文に対する回答の精度を上げるために，プロンプトエンジニアリングとして回答者の属性を規定する方法があります。たとえば，質問文として，

> 「あなたは●●（管理栄養士，社会学者，等）です。以下の料理レシピは，以下の対象に適したものであるか否かを判定してください。
> 【対象】●●●（「乳幼児」や「ヴィーガン」を入力）
> 【料理レシピ】●●●（料理レシピそのものを入力）」

と入力した場合は，質問文で回答者の属性を規定しない場合と比較してより精度の高い回答が得られます。このときに，回答者の属性は，料理の対象によって異なります。たとえば，［図表5-8］のように料理の対象に応じた回答者の属性のテーブルを用意しておくことにより，質問文における回答者の属性を料理の対象に対応したものとすることができます。

[図表5-8] 回答者の属性と料理の対象との対応関係

料理の対象	回答者の属性
乳幼児	管理栄養士
ヴィーガン	社会学者
イスラム教徒	宗教学者

このように，質問文における回答者の属性を料理の対象に対応したものとするアイデアについて，以下のような従属クレームを立てる方法が考えられます。

> 【請求項2】
> 　料理の対象と回答者の属性との関係があらかじめ設定されており，
> 　前記送信手段により前記言語モデルサーバに送信されるプロンプトは，料理の前記対象に対応する回答者の属性の情報を含む，請求項1記載のコンピュータ。

さらに，ChatGPTは質問文に対する回答が1往復で終わりではなく，連続して会話できるという特徴があります。この特徴を生かして，料理の対象と回答者の属性との関係をあらかじめ設定しておくのではなく，回答者の属性自体も料理の対象と料理のレシピからChatGPTにより回答させる方法が考えられます。言い換えると，ChatGPTに合計2回質問を投げかけます。

たとえば，「料理レシピが対象『乳幼児』に適したものであるか否かを判定するにあたり，どのような職業の人が適していますか？」という質問文をChatGPTにて入力すると，下記の回答が得られます。

> 「このレシピが乳幼児に適しているかどうかを最も正確に判断できるのは，以下の専門職の人々です：
> (ア)　小児栄養士：乳幼児の栄養ニーズを理解しており，特定の食材が適切であるか，または乳幼児の健康に有害である可能性があるかを評価するのに適任です。
> (イ)　小児科医：乳幼児の健康と発育に関する包括的な知識を持っています。」

そして，2回目のChatGPTに対する質問文では，プロンプトエンジニアリングとして回答者の属性を1回目の回答で得られた小児栄養士や小児科医とする方法が考えられます。このような情報処理について，以下のような従属クレーム（上記の請求項2に従属）を立てる方法があります。

> 【請求項3】
> 　前記送信手段は，前記料理レシピが前記対象に適したものであるか否かを判定するのに適した回答者の属性を求める予備プロンプトを言語モデルサーバに送信し，
> 　前記受付手段は，前記予備プロンプトについて前記言語モデルサーバにより演算された回答者の属性を前記言語モデルサーバから受け付け，
> 　前記送信手段により前記言語モデルサーバに送信されるプロンプトは，前記受付手段が受け付けた回答者の属性の情報を含む，請求項2記載のコンピュータ。

このように，ChatGPT等の生成AIに関するサービス等について特許出願を

行う場合は，生成AIの特性に合わせたクレームを作成することにより特許権を取得できる可能性を高めるとともに，さまざまなバリエーションについて保護を図ることを検討することが望ましいといえます。

4　生成AIにより発明のアイデアを創出することができるか？

　最後に，生成AIにより発明のアイデアを創出することができるかについて検討します。

　ソフトバンクグループの孫正義会長兼社長は，2023年6月21日に開かれた同社の株主総会にて，ChatGPTと交わした対話をたたき台として次から次へとアイデアを思いつき，1年で1000件の発明を創出することができるかもしれないと述べました。同社には週7日24時間体制で稼働する発明ホットラインがあり，孫氏の頭からアイデアが浮かぶのと同時に特許申請ができるよう，常駐スタッフと知財専門家が交代制で働いているとのことです。

　このことは，生成AIを活用した発明のアイデア創出として大きな話題になっています。2023年6月に内閣府知的財産戦略本部により公開された「知的財産推進計画2023」でも，「急速に発展する生成AI時代における知財の在り方」という章で，ChatGPT等の出現によりAIによる自律的創作が実現しつつあると述べられています。

　第4章で述べたように，技術的思想の創作過程は，①課題設定，②解決手段候補選択，③実効性評価の3段階からなりますが，従来はこのうちのいずれかに人間が（創作的に）関与していれば，その人間による創作であると評価するとの考え方が示されていました。

　この考え方によれば，解決手段に関する技術的な知見がない者であっても，課題設定さえできれば，ChatGPT等の生成AIを用いて解決手段を得ることにより，技術的思想の創作（発明）を生み出すことができると考えられます。なお，③実効性評価についてもAIを活用したシミュレーション等による自動化が容易に想定できます。

　このように，ChatGPT等の万人が容易に利用可能な生成AIが出現したことにより，創作過程におけるAIの利活用が拡大することが見込まれ，それによって生まれた発明を含む特許出願が増えることが予想されると本計画では指摘されています。また，そのような発明（たとえば，上述の創作過程の①〜③の一部において，人間が創作的な関与をせず，生成AIが自律的に行ったもの）の審査において，創作過程でのAIの利活用をどのように評価するかが問題となるおそれがあるとのことです。

ケーススタディ：生成AIで自動的に作成できる発明の精度

　それでは，現在の生成AIにより課題設定から解決手段をどれくらいの精度で自動的に作成できるかについて，98ページの仮想事例を用いて検討したいと思います。前節の仮想事例では，レシピ投稿サイトにおいて特定のタグ（乳幼児向け，ヴィーガン向け，等）が付けられた投稿レシピについて，レシピの内容がタグ付けに適したものであるか否かをチェックすることにより，投稿される大量のレシピに不適切なものがあれば排除するという課題設定を行っていました。

　この課題に対する解決手段を求める以下のような質問文をChatGPTに入力します。

　　一般ユーザが料理レシピをウェブサイトに投稿するようなレシピ投稿型サイトにおいて以下の問題があります。

　　たとえば，ある料理レシピについて「乳幼児向け」とタグ付けされていたときに，この料理レシピではちみつが使われていた場合は，乳児ボツリヌス症を発症，死亡するという事故が発生する危険性があります。

　　このため，ウェブサイトに投稿されている特定のタグ（乳幼児向け，ヴィーガン向け，等）が付けられた投稿レシピについて，そのタグ付けが適したものであるか否かについてチェックを行うことにより，多くのユーザから投稿される大量のレシピに不適切なものがあれば排除するという課題設定を行いました。このような課題設定に対する解決手段を教えてください。

そうすると，このような質問文に対する回答は以下の通りでした。

あなたの問題に対する解決策の一部は，自然言語処理（NLP）と機械学習の手法を使うことで，それらを適用してウェブサイトに投稿されたレシピの内容とタグの整合性を自動的に確認するシステムを開発できます。

以下に具体的な手順を示します：

1．レシピとタグのデータセット作成：

既存のレシピとそれらのタグから大規模なデータセットを作成します。このデータセットは，機械学習モデルの訓練に使用されます。

2．タグの基準設定：

それぞれのタグ（たとえば「乳幼児向け」「ヴィーガン向け」など）について，その基準となる要素を定義します。たとえば，「乳幼児向け」の基準では，はちみつなどの乳児にとって有害な可能性のある食材が含まれていないこと，「ヴィーガン向け」の基準では，動物由来の成分が含まれていないこと，などとします。

3．自然言語処理（NLP）と機械学習の利用：

モデルを訓練して，レシピの内容とそれに付けられたタグが適切であるかどうかを自動的に判断するようにします。モデルは，レシピの内容（特に成分）を解析し，それが設定したタグの基準に適合するかどうかを判断します。

4．モデルの訓練と検証：

訓練データセットを使用してモデルを訓練し，検証データセットを使用してモデルの性能をテストします。適切な検証を行うことで，モデルの精度と信頼性を確認できます。

5．統合と展開：

訓練と検証が完了したら，モデルをウェブサイトに統合します。ユーザが新しいレシピを投稿すると，モデルが自動的にレシピの内容を解析し，付けられたタグが適切であるかどうかを判断します。

6．アラートと修正の機会：

モデルがタグの不一致を検出した場合，システムはユーザにアラートを送り，レシピの修正やタグの更新を提案します。

ただし，どんなに高度なモデルでも完全な精度を達成することは難しいため，人間によるレビューや監視も必要となるでしょう。それにより，自動化と人間の介入を適切に組み合わせることで，レシピ投稿サイトにおける安全

性と信頼性を向上させることが可能となります。

　このように，課題設定さえできれば，解決手段に関する技術的な知見がない者であっても，生成AIを用いて解決手段候補を得ることができるため，そこから実際のビジネスの状況に合わせて適切な解決手段を選択し，短期間でさまざまなビジネスアイデアを創出することが可能になると思われます。

実際のサービス例

　特許検索エンジン「Tokkyo.Ai」を提供しているTokkyo.Ai株式会社は，生成AIでビジネスアイデアを生成するツールを提供しています。このツールを使うと，たとえばスマートウォッチを用いた新規事業を検討するときに，過去の特許情報も参照してさまざまなアイデアを提案してくれます。

　具体的な方法は，まずはアイデアのヒントを探すため，スマートウォッチに関する特許公開公報を検索します。このときに，たとえば「人間関係の推定」に関する課題に着目した特許公開公報が見つかった場合は，これについて生成AIを使ってアイデアをブラッシュアップしていきます。発明の名称として，「スマートウォッチ」「人間関係の推定」という2つの単語を入力すると，ツールが特許明細書の文案を自動的に作成します。なお，キーワードのみによる指示ではなく，課題等についての具体的な文章を入力した場合は，より詳細な特許明細書の文案の作成ができます。予想したアイデアのイメージと違った場合は，ツールに入力する指示内容を修正することにより特許明細書の文案の調整を行うことも可能です。

　このようにして作成された文案の中で，たとえば「商談中にリアルタイムで相手の状況を把握する」という内容が気になった場合は，ツールの【発明が解決しようとする課題】欄にこの気になった内容を追記し，実際にアイデアを文章化します。そして，このツールでは，生成されたアイデアから特許請求の範囲の各請求項等の作成も可能となります。

　さらに，AIにより生成された特許明細書の文案について，類似する特許公

報や特許公開公報の出願件数を出願人別にランキング表示したり，既存の特許とどの程度類似しているかの割合をAIで判定したりすることもできます。

　もちろん最終的には文書の最終チェックを弁理士に行ってもらう必要がありますが，このような生成AIによるツールを用いることにより，発明のアイデアを創出したり特許明細書の作成時間の短縮化を図ったりすることが可能になるのです。

第5章のまとめ

- AIに関する特許出願の件数は近年の第3次AIブームとも相まって急激に増加している。
- AIを活用したビジネスモデルを特許で保護するにあたり，機械学習によるモデルの生成と，生成されたモデルを活用した情報処理とを分けて考える。
- 生成AIを利活用するサービスについて特許を取得する場合は，その特性に合わせたクレームを作成するとともにさまざまなバリエーションの保護を検討する。
- 生成AIにより，将来的には設定された課題から解決手段を自動的に作成することにより発明の創出を行うことができる可能性が高い。

コラム 5　　知財関係者が集まるイベントの紹介

　近年，リアルやオンラインで知財関係者が集まるイベントが増えています。本コラムではこのようなイベントのいくつかを紹介します。

　最も大きなイベントといえば，毎年秋に開催される「知財・情報フェア＆コンファレンス（2023年までは特許・情報フェア＆コンファレンス）」が挙げられます。このイベントは長年にわたり東京・北の丸公園の科学技術館で開催され，コロナ禍ではオンラインでも開催されました。第32回を迎えた2023年度は東京ビッグサイトに会場を移し，特許・実用新案はもとより意匠・商標などにも対象を広げ，知的財産の総合展として延べ 3 日にわたって開催されました。毎日3,000名以上が来場し， 3 日間で来場者数は12,000名を超える等，知財業界の中で最大規模のイベントです。

　このイベントでは，企業が社内で特許や商標等の管理を行うためのツールや先行技術文献調査のサービス等の展示，デモンストレーションが行われます。また，最近では生成AI等のAIを活用したツールの展示が増えています。さらに，ツールの展示と並行して，知財業界の第一人者による講演会やパネルディスカッション，出展者プレゼンテーション等も行われ，多くの聴講者が会場に訪れました。知財に関するツールの最新情報を知りたい場合はぜひこのイベントに足を運んでみてください。

　また，完全オンラインのイベントとして，株式会社知財塾が主催する「すごい知財　EXPO」が毎年夏に 2 日間にわたって開かれています。このイベントは情報の流動性を高め，出会いの場を提供し，知財業界の発展に貢献する趣旨でスタートし，2023年度で 3 回目を迎えました。oVice株式会社が提供するオンラインの仮想的な博覧会会場で，参加者や出展社は自分のアイコン（アバター）を操作することにより，会場を自由に歩き回ることができます。オンラインの会場ですが，近くのアバターの声は大きく，遠くのアバターの声は小さく聞こえるなど臨場感が味わえる作りになっており，この機能によって，会場内で話したい人に近寄って話しかけるような自然さを味わうことができます。

　また，リアル会場のイベントと違って，スペース内のユーザ同士でテキストでのチャットの送受信を行ったり，URLの共有も簡単に行ったりすることができます。また，出展者による展示と並行してさまざまな講演がオンラインで行われますが，イベントに参加登録した人は講演のアーカイブ動画を後日に視聴できる仕組みになっています。さらに，効率よく会場を回りたい方に向けて，事前アンケートに記入した来場者に対して興味のある分野にマッチする出展者が案内されます。

　他にもさまざまな知財関係のイベントがありますが，このようなイベントに参加することは知財業界の最新動向を把握するのにとても役立ちます。また，イベントでは知財業界のさまざまな専門家と知り合うきっかけにもなります。ぜひ，積極的に足を運んでみてください。

すごい知財EXPO2023の開催状況

提供：すごい知財EXPO組織委員会

第 **6** 章

オープンイノベーション時代の他社との協働にあたり気をつけること

1 オープンイノベーションへの期待の高まり

　近年，オープンイノベーションの取組みが各企業や研究機関での注目を集めています。オープンイノベーションとは，組織の外部からのアイデアや技術を活用し，新たな価値を生み出す取組みを指します。従来の閉じた形のイノベーションよりも，多様な視点や技術を取り入れることで，より効果的かつ迅速なイノベーションの実現が期待されます。

　オープンイノベーションへの期待の高まりは以下の要因で起こっていると考えられます。

(a) **テクノロジーの進化**：インターネットやクラウドコンピューティングの発展により，情報の共有や連携が以前に比べて格段に容易になっています。これにより，企業や研究機関間での協力のハードルが低下し，オープンイノベーションが進展していると考えられます。

(b) **市場の変動**：高度なグローバル化の中で，市場ニーズの多様化や競争の激化が進んでいます。これに対応するため，企業は外部の知識や技術との連携を強化し，迅速なイノベーションの実現を目指しています。

(c) **組織文化の変化**：近年の企業文化は，柔軟性や多様性を重視する傾向にあります。このような背景の下，外部との連携や共同研究の価値が認識され，オープンイノベーションが推進されています。

　また，近年は国も企業間のオープンイノベーションの取組みを積極的に支援しています。たとえば，首相官邸の「成長戦略ポータルサイト」[1]では，大企業，大学等の研究機関およびスタートアップ企業の3者間でのオープンイノベーションを推進しており，次世代産業システムの構築を目指しています。また，令和5年度税制改正により，2023年4月1日以降にスタートアップ企業の成長に資するM&A（議決権の過半数の取得）を行った場合，その取得した発行済株式についても税制の対象とすることとなりました。

[図表6-1] オープンイノベーションの推進

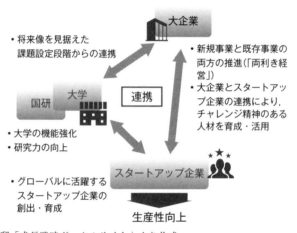

出所：首相官邸「成長戦略ポータルサイト」より作成

　これらの背景から，オープンイノベーションは今後もその重要性を増していくと予想されます。このため，企業は外部との連携を強化し，新しい価値を創出するための戦略を練る必要があります。

1　https://www.kantei.go.jp/jp/singi/keizaisaisei/portal/innovation/index.html

2 オープンイノベーションの活用例

オープンイノベーションの活用例として，筑波大学発のスタートアップ企業であるピクシーダストテクノロジーズ株式会社（以下，「PxDT社」と表記）の取組みを紹介します。同社は筑波大学准教授の落合陽一氏と村上泰一郎氏により，人類と計算機の共生ソフトウェア基盤を構築することを目的として2017年に設立されました。同社が設立から4年間で出願した特許件数は100件以上となっている等，創業初期から知財活動に注力しています。そして，このような知財をてこにした大企業との積極的なオープンイノベーションの取組み等が評価され，知財全般に関してめざましい取組みをした個人・組織を表彰する第2回 IP BASE AWARD（特許庁主催）のグランプリを受賞しています。

PxDT社によるオープンイノベーションの取組みの1つとして，塩野義製薬社との間で行われている認知症の治療・予防を目指した共同研究プロジェクトが挙げられます[2]。この取組みでは，薬以外のアプローチも含まれており，両社の連携により「脳の特定のリズム活動（ガンマ波）」と認知機能の関連が明らかになったとのことです。過去の研究で「意図的にガンマ波を出すことで短期記憶が改善する」ことがわかっていましたが，これまでは電気刺激が必要であったところ，両社の共同研究により，独自の制御をかけた音でガンマ波を出すことが可能になり，生活に溶け込ませることができるといいます。現在，社会実装や適用範囲の拡大に向け，さらなる研究が進められているとのことです。

PxDT社代表取締役COOの村上泰一郎氏は，オープンイノベーションで重要なのは「大義」「オープン」「スピード」であると述べています。社会価値の最大化を判断基準にすることを念頭において協業に取り組み，さらに，両社の取

---

2 経済産業省，特許庁「事業会社とスタートアップのオープンイノベーション促進のためのマナーブック」
https://www.jpo.go.jp/support/general/open-innovation-portal/document/index/com-su-mannerbook.pdf

り分はフェアになるように考えているとのことです。

　また，菅谷俊二氏が学生時代に起業した佐賀大学発ベンチャーである株式会社オプティムもオープンイノベーションを積極的に推進しています。同社は「ネットを空気に変える」をコンセプトに，AI・IoTプラットフォーム事業を展開していますが，創業当初から技術成果を守るために積極的に特許出願を行ってきました。

　オープンイノベーションへの取組みとしては，石川県の農林操業研究センターと共同開発しているドローン搭載型播種機が挙げられます[3]。農林総合研究センターの検証により，空中からの播種は土壌が滞水していると播種深度確保や苗立ちに悪影響を及ぼすことが明らかとなりましたが，このような課題に対し，オプティム社の技術であるAIによる画像解析を通じて滞水部を解析し，その結果に応じて播種量を変える技術の開発に挑戦しているとのことです。また，AIで特定の雑草を判別し，適切に除草剤を散布するピンポイント除草の技術も研究しています。このように，同社はオープンイノベーションにより最先端テクノロジーでスマート農業にチャレンジしています。

　また，同社はプラットフォーマーのためのプラットフォームとしてOPTiM Cloud IoT OSを提供しています[4]。このプラットフォームでは，オープンイノベーションを推進したいクライアントに対して，人・もの・コトに関するあらゆるデータを管理・販売することによりAI・IoTプラットフォームに必要なすべての機能をワンストップで提供しています。

　このような取組みが評価され，同社は経済産業省や特許庁が選考する平成30年度「知財功労賞」において，知的財産権制度活用優良企業として「特許庁長官表彰」を受賞しています。

3　https://www.optim.co.jp/agriculture/rd/drone-seeding-and-AI-analysis
4　https://www.optim.cloud/

3　共同研究，共同開発を行うにあたり気をつけること

　次に，オープンイノベーションの取組みにおいて共同研究，共同開発を行う際に気を付けなければならないことを解説します。

　新製品等の開発プロセスにおいて，開発テーマ選定時に他の企業や大学，研究機関等と共同研究，共同開発を行う場合は，秘密保持契約，共同開発契約，共同出願契約等を締結する必要があります。

[図表 6 - 2] 新製品等の開発プロセスの各ステージの説明

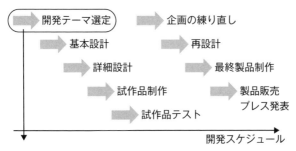

他の企業や大学，研究機関等と共同研究，共同開発を行う場合は，
秘密保持契約　共同開発契約　共同出願契約　を締結する

　オープンイノベーションの取組みにおいて，開発テーマの選定は段階的に進められます。まず，事業アイデアの選択を行い，次にビジネスモデルの検討を進めます。その後，連携するパートナーを探索し，交渉のフェーズに入ります。交渉の初期段階では，秘密保持契約の締結が必要となり，技術の検証（PoC）を経て，共同開発や共同研究の契約へと移行します。

　このプロセスの中で，特に重要なのはビジョンとゴールの調整です。自社の核となるビジョンやオープンイノベーションの目的を明確に定義し，それを社内で共有・確認することが大事です。そして，そのビジョンをパートナーと共有し，合意点を見つけることが重要になります。双方がオープンな姿勢でコミ

ュニケーションをとることで，連携はより効果的かつスムーズに進行します。

　また，オープンイノベーションの取組みでは，法務や知財の専門家の意見や知見が不可欠です。そのため，ビジネスの初期段階から法務部や知財部の担当者，あるいは外部の知財専門家をプロジェクトに参加させることで，多様な視点からのフィードバックやアドバイスを受け取ることができます。

　とりわけ，関係者全体での連携内容やゴール，ビジョンの共有は，プロジェクトの進行をスムーズにするための鍵となります。共有のプロセスを通じて，各部署や担当者の間での認識のずれや疑問点を早期にクリアにすることができ，効率的な進行をサポートします。

　さらに，プロジェクトの進行中には，双方での合意や意思決定が必要となるポイントが数多く存在します。これらのポイントを事前に明確に設定し，それぞれのポイントでの決定事項については後から変更しないという原則を設けることで，プロジェクトの進行をより安定的に進めることができます。このような取決めを行うことで，後々の混乱や誤解を避けることができ，関係者全体のモチベーションの維持や信頼関係の構築にも寄与します。

4　秘密保持契約について[5]

　オープンイノベーションの取組みにおいて，異なる組織や個人との連携が不可欠ですが，その際に重要な情報を共有することが多くなるため，秘密保持契約（NDA：Non-Disclosure Agreement）の締結が欠かせません。この契約は，情報の取扱いに関するルールや義務を明確にするもので，以下の3つの主要な目的があります。

　まず，最も基本的な目的は，開示先による情報の漏洩を防ぐことです。情報が外部に漏れることで，ビジネス上の損害や競争上の不利益を招く可能性があ

5　本節を執筆するにあたり，日比谷パーク法律事務所のパートナー弁護士である井上拓先生にご出演いただいた知財実務オンライン（第9回）「NDA（秘密保持契約）のすべて」を参考にした。
　　https://www.youtube.com/watch?v=X4skGU1Jzus

ります。しかし，秘密保持契約を締結することで，情報の取扱いに関する明確なルールが設けられ，開示先もそのルールを守る義務が生じます。ただし，過度な期待は禁物であり，秘密保持契約が絶対的な安全を保証するものではないことを理解する必要があります。

　次に，営業秘密としての情報を保護するための目的もあります。不正競争防止法において，営業秘密とは一定の要件を満たす情報を指します。その中の 1 つが「秘密管理性」であり，秘密保持契約はこの要件を満たすための手段として利用されます。情報が適切に管理されていることを示すため，秘密保持契約の存在は非常に重要です。

　さらに，特許権やその他の知的財産権を取得するためにも秘密保持契約は重要な役割を果たします。特許権を取得するためには，その技術やアイデアが新規である必要があります。情報が公になることで新規性を失うリスクがあるため，秘密保持契約を通じて情報の非公開を確保することで，特許権の取得を妨げないようにします。

秘密保持契約締結に際しての留意点

　それでは，オープンイノベーションの相手方と秘密保持契約を締結するにあたり，どのような点に気を付けなければならないでしょうか。

　現在，経済産業省および特許庁により，オープンイノベーション促進のためのモデル契約書が公表されています[6]。このモデル契約書は，研究開発型スタートアップと事業会社の連携や，大学と研究開発型スタートアップの連携を促進することを目的として策定されましたが，それ以外の事業主体によっても広く活用できるものとなっています。

　モデル契約書の解説文では，秘密保持契約について最低限でも以下の内容が満たされているかをチェックする必要があると述べられています。

6　オープンイノベーションポータルサイト
　　https://www.jpo.go.jp/support/general/open-innovation-portal/index.html

☑ 秘密情報の範囲が無限定に広範になっていないか?

☑ 秘密情報の管理体制が,自社にとって無理な内容となっておらず,現実の情報管理体制と合致しているか?

☑ 特に無償アセスメントの場合,秘密保持義務違反の効果としての損害賠償の範囲が明確化されているか?(ただし個人情報の漏洩については損害賠償の範囲を限定できないケースも多い)

☑ 秘密保持義務を負担する期間が無期限となっていたり過度に長期間になっていたりしていないか?

☑ 秘密保持契約からPoCに移行した場合に対象となる秘密情報にPoC契約の規律が及ぶか?

秘密保持契約書の雛形

さて,これから経済産業省および特許庁により公表された秘密保持契約のモデル契約書について解説します。おおむね,相手方が提示する契約書の中に見慣れない条項がなく,一般的な雛形の範疇であれば大きな問題はないと考えられます。

それでは,OIモデル契約書ver2.1の「秘密保持契約書(AI編)」について見ていきましょう。以下の秘密保持契約は,IT系スタートアップが事業会社から秘密情報を受領することによって,スタートアップのAI技術を事業会社の業務(具体的には,介護事業における見守り業務)に導入可能であるかどうかについて検討する際に締結されるものとなっています。

【前文】

X社(以下「甲」という。)とY社(以下「乙」という。)とは,甲が保有するAI技術を,乙の介護事業における見守り業務に導入するに当たり,乙が甲に対して提供するデータを甲がすでに保有する学習済みモデル(姿勢推定モデル)に入力して得られた出力結果(姿勢推定結果)を評価し,甲が保有するAI技術の乙の介護事業における見守り業務への導入可能性を甲乙共同で検討する目的

（以下「本目的」という。）で，甲または乙が相手方に開示等する秘密情報の取扱いについて，以下のとおりの秘密保持契約（以下「本契約」という。）を締結する。

　オープンイノベーションの取組みにおいて，秘密保持契約書の前文は非常に重要な役割を果たします。以下に，その各項目について詳しく解説いたします。

　まず，秘密保持契約書の前文は，その契約の目的を明確に規定しています。これは，契約の趣旨や双方の意向を明示するためのもので，契約の解釈や適用の際の基準となります。契約の目的を明確にすることで，後のトラブルを防ぐための大切なステップとなります。

　次に，事業におけるコア技術が特許権やその他の知的財産権によって保護されていない場合，秘密保持契約が技術やノウハウを保護するための主要な手段となります。特許等での保護が難しい技術やノウハウについては，この契約が非常に重要な役割を果たします。

　さらに，秘密保持契約における「目的」の特定は，契約の中でも特に重要なポイントとなります。なぜなら，秘密情報の使用は，契約で定義された目的の範囲内でのみ認められるからです。この「目的」が不明確であると，後々のトラブルの原因となる可能性が高まります。開示先が秘密情報をどのように使用するかの範囲を明確にするため，この部分の記述は慎重に行う必要があります。

　したがって，秘密保持契約を締結する際には，目的を明確に定めることが不可欠です。具体的には，「以下「本目的」という。」といった形で，契約文中での目的の参照を明確にすることが望ましいです。これにより，契約の条文がよりわかりやすく，双方の認識のズレを防ぐことができます。

【第1条第1項（秘密情報の定義・開示の方法）】

　第1条　本契約において「秘密情報」とは，……をいう。
　　例：第1条　本契約において「秘密情報」とは，一方当事者（以下「開示者」
　　　　という。）が相手方（以下「受領者」という。）に対して本目的のために開

示した情報および開示のために提供した記録媒体，機器その他の有体物に含まれる情報であって，文書等の有体物や電子メール等の電子的手段によって開示される情報にあっては秘密であることが明記，または開示者から受領者に秘密である旨通知して開示されたもの，口頭その他視覚的方法によって開示される情報にあっては14日以内に文書等により当該情報の概要，開示者，開示日時を特定した上で秘密である旨通知して開示されたものをいう。なお，本契約に基づき乙が甲に対して提供する別紙「対象データ」記載の各データ（以下「対象データ」という。）は秘密指定の有無に関わらず「秘密情報」に含まれるものとする。

上述した秘密情報の定義・開示の方法に関する条項は，秘密情報の定義やその開示の方法に関する非常に重要な部分です。この条項を適切に設定するためには，まず関連するビジネスの背景をしっかりと理解することが必要です。

具体的には，以下の3つの観点から，情報の開示や受領の立場を明確にすることが求められます。

① 情報を主に開示する側としての立場になるのか，
② 情報を主に受け取る側としての立場になるのか，
③ 双方が情報を均等に共有し合う関係性を持つのか。

これらの観点から，情報の開示や受領の立場を明確にすることで，秘密情報の範囲や内容をどのように定義すべきかの方向性が見えてきます。たとえば，情報を主に開示する側であれば，その情報の詳細や範囲を具体的に明記することが重要となります。一方，情報を受け取る側であれば，どのような情報を受け取るのか，その利用の範囲や制約について詳しく記述する必要があります。

また，双方が情報を均等に共有する場合は，お互いの情報の範囲や利用に関する取決めを明確にすることが求められます。

このように，秘密情報の定義・開示の方法に関する条項を適切に設定するためには，ビジネスの背景をしっかりと把握し，それに基づいて情報の開示や受領の立場を明確にすることが，契約の品質や信頼性を高めるための鍵となります。

【第1条第2項（秘密情報の定義・開示の方法）】

> 2　前項の定めにかかわらず，以下の情報は秘密情報の対象外とするものとする。
> ①　開示者から開示等された時点ですでに公知となっていたもの
> ②　開示者から開示等された後で，受領者の帰責事由によらずに公知となったもの
> ③　正当な権限を有する第三者から秘密保持義務を負わずに適法に開示等されたもの
> ④　開示者から開示等された時点で，すでに適法に保有していたもの
> ⑤　開示者から開示等された情報を使用することなく独自に取得し，または創出したもの

　この項では，秘密情報の対象外とする情報を規定しています。とりわけ，契約締結前に自社がすでに保有していた情報について，それが「④開示者から開示等された時点で，すでに適法に保有していたもの」であることを明確に証明できるように準備しておくことが大切です。なぜなら，この点について証明が不十分だと，契約締結後にどの技術がどちらのものであるかに関するトラブルや混乱（技術情報のコンタミネーション）が生じるリスクが高まるからです。

　このようなリスクを避けるための対策として，契約締結前に自社が保有していた重要な秘密情報を，秘密保持契約において明確に特定しておくことが考えられます。具体的には，「別紙●●に列記する」といった形で，その情報をリストアップし，契約文書に明記します。また，特許出願に馴染む技術であれば，契約締結以前に特許出願を済ませておく方法があります。

　この手続を通じて，自社が保有する重要な情報を確実に秘密情報として特定し，その保護を図ることができます。これにより，安心してオープンイノベーションの取組みを進めることができるようになります。

【第2条（秘密保持）】

第2条　受領者は，善良なる管理の注意義務をもって秘密情報を管理し，その秘密を保持するものとし，開示者の事前の書面等（書面および甲乙が書面に代わるものとして別途合意した電磁的な方法をいう。本契約において以下同じ。）による承諾なしに第三者に対して開示または漏洩してはならない。

2　前項の定めにかかわらず，受領者は，秘密情報を，本目的のために必要な範囲のみにおいて，受領者の役員および従業員（以下「役員等」という。）に限り開示できるものとする。

3　受領者は，前項に定める開示に際して，役員等に対し，秘密情報の漏洩，滅失，毀損の防止等の安全管理が図られるよう必要かつ適切な監督を行い，その在職中および退職後も本契約に定める秘密保持義務を負わせるものとする。役員等による秘密情報の開示，漏洩，本目的以外の目的での使用については，当該役員等が所属する受領者による秘密情報の開示，漏洩，本目的以外の目的での使用とみなす。

4　受領者は，次項に定める場合を除き，秘密情報を第三者に開示する場合には，書面等により開示者の事前承諾を得なければならない。この場合，受領者は，当該第三者に対して本契約書と同等の義務を負わせ，これを遵守させる義務を負うものとする。

5　前各項の定めにかかわらず，受領者は，次の各号に定める場合，当該秘密情報を開示することができるものとする。（ただし，1号または2号に該当する場合には可能な限り事前に開示者に通知するものとする。）また，受領者は，かかる開示を行った場合には，その旨を遅滞なく開示者に対して通知するものとする。

①　法令の定めに基づき開示すべき場合
②　裁判所の命令，監督官公庁またはその他法令・規則の定めに従った要求がある場合
③　受領者が，弁護士，公認会計士，税理士，司法書士等，秘密保持義務を法律上負担する者に相談する必要がある場合

　この条項では，開示者から提供を受けた秘密情報を適切に管理する義務（秘密保持義務）と開示できる対象について定めています。

　秘密保持契約においては，㋐開示者が特定された目的のために秘密情報を開

示し（前文および１条），㈣受領者は当該目的遂行のために必要な範囲でのみ当該秘密情報を社内関係者に共有し（本条第２項），㈦受領者は当該目的以外には秘密情報を利用しない（第３条），という点が重要となります。ここで，上述した第２項の内容が契約文言に反映されていないと，秘密情報が受領者たる会社内に不必要に広まり，受領者の会社の規模が大きくなればなるほど，情報の目的外利用や流出のリスクが高まることとなります。契約交渉の過程でこのような秘密情報の管理義務を反映する文言が削除されていないことを，慎重に確認する必要があります。

【第３条（目的外使用の禁止）】

> 第３条　受領者は，開示者から開示された秘密情報を，本目的以外のために使用してはならない。

　オープンイノベーションの取組みにおいて，秘密保持契約書の第３条，すなわち「目的外使用の禁止」に関する条項は，非常に重要な位置を占めます。この条項は，秘密情報の使用範囲を契約の前文に定めた目的に限定するもので，秘密保持契約においては必ず含めるべき主要な条文の１つです。

　具体的なシーンを想定してみましょう。たとえば，共同研究の相手方が秘密情報を社内で別の用途で利用することは，この第３条によって禁止されます。このような秘密情報の内部での流用は，情報を外部に提供する行為，すなわち開示行為には該当しないため，秘密保持義務を定める第２条だけでは禁止することができません。このため，秘密保持契約においては，情報の目的外使用を禁止する義務を設けることが一般的となっています。

　この条項の存在により，双方の企業が安心して情報を共有し，オープンイノベーションの取組みを進めることができるようになります。それゆえ，契約を締結する際には，この第３条の内容を十分に理解し，適切に取り決めることが大切です。

【第4条（秘密情報の複製）】

> 第4条　受領者は，本目的のために必要な範囲において秘密情報を複製（文書，
> 電磁的記録媒体，光学記録媒体およびフィルムその他一切の記録媒体への記
> 録を含む。）をすることができる。
> 2　前項に基づいて受領者が秘密情報を複製した場合には，複製により生じた
> 情報も秘密情報に含まれるものとする。

この条項では，秘密情報が複製されることも想定し，その複製された情報も
秘密情報の対象とすることを規定しています。具体的には，秘密情報が複製さ
れることが可能であることを第1項で定めた上，第2項において複製された情
報も秘密情報の対象とすることを規定しています。

【第5条（個人情報の提供）】

> 第5条　甲および乙は，相手方に対して秘密情報を開示する正当な権限がある
> ことおよびかかる提供が法令に違反するものではないことを保証する。
> 2　乙が，個人情報の保護に関する法律（本条において，以下「法」という。）
> に定める個人情報および個人データ（以下総称して「個人情報等」という。）
> を甲に提供する場合には，法に定められている手続を履践していることを保
> 証するものとする。
> 3　乙は，個人情報等を甲に提供する場合には，事前にその旨を明示する。
> 4　甲は，前項にしたがって個人情報等が提供される場合には，個人情報保護
> 法を遵守し，個人情報等の管理に必要な措置を講ずるものとする。

この条項では，第1項において，双方が開示する秘密情報について当該情報
を開示する権限を有していること等の一般的な表明保証を行い，また，第2項
以降は乙が甲に提供する対象データその他の情報に個人情報等が含まれている
場合について規定しています。

【第6条（秘密情報の破棄または返還）】

> 第6条　受領者は，本契約が終了した場合または開示者からの書面等による請求があった場合には，自らの選択および費用負担により，開示者から開示を受けた秘密情報（複製物および同一性を有する改変物を含む。以下本条において同じ。）を速やかに破棄または返還するものとする。
>
> 2　受領者は，開示者が秘密情報の廃棄を要請した場合には，速やかに秘密情報が化体した媒体を廃棄し，当該廃棄にかかる受領者の義務が履行されたことを証明する文書の提出を開示者に対して提出するものとする。
>
> 3　前2項の規定にかかわらず，甲は，乙から開示を受けた秘密情報については，次条（PoC契約および共同研究開発契約の締結）に基づきPoC契約または共同研究開発契約が締結された場合に限り，同契約上に定められた，秘密情報の利用条件のもとで利用することができる。

　この条項では，受領した秘密情報の返還義務等を定めています。具体的には，契約終了前であっても，開示者の請求で返還義務等が発生することとしています。

【第7条（技術検証（PoC）契約および共同研究開発契約の締結）】

> 第7条　甲および乙は，本契約締結後，PoC（技術検証）または共同研究開発段階への移行およびPoC契約または共同研究開発契約の締結に向けて最大限努力し，乙は，本契約締結日から2か月（以下「通知期限」という。）を目途に，甲に対して，PoC契約または共同研究開発契約を締結するか否かを通知するものとする。ただし，正当な理由がある場合には，甲乙協議の上，通知期限を延長することができるものとする。

　秘密保持契約を締結したものの，その後音沙汰がなく，他の競合企業との協業を検討する機会を逸してしまう場面も少なくありません。そこで，本条項では，当事者に技術検証（PoC）契約または共同研究開発契約締結の努力義務を課しています。また，次のステップに進むかどうか未確定なままで時間が経過することを避けるため，事業会社に対し一定期間内に技術検証（PoC）契約ま

たは共同研究開発契約を締結するか否かの通知義務を課しています。

【第8条（損害賠償）】

> 第8条　本契約に違反した当事者は，相手方に対し，相手方が負った損害を賠償する責任を負う。

　本条項では，秘密保持契約に不履行があった場合の損害賠償責任について規定しています。なお，損害賠償に関する条項では，具体的な違約金や損害賠償額を設定することも考えられます。この場合は，義務違反に対する抑止力となるような金額を設定することが大事です。

【第9条（差止め）】

> 第9条　契約当事者は，相手方が，本契約に違反し，または違反するおそれがある場合には，その差止め，またはその差止めに係る仮の地位を定める仮処分を申し立てることができるものとする。

　本条項では，相手方が契約に違反した際に，差止め等を請求することを定めています。状況によっては，差止め等の仮処分を申し立てることも考えられます。

【第10条（期間）】

> 第10条　本契約の有効期限は本契約の締結日より1年間とする。ただし，本契約の終了後においても，本契約の有効期間中に開示等された秘密情報については，本契約の終了日から1年間，本契約の規定（本条を除く。）が有効に適用されるものとする。

　契約期間のみならず，契約期間終了後に，どの程度の期間秘密保持義務を負担するかについても注意が必要です。契約期間が3カ月など短く設定されていても，残存条項により10年など契約終了後も長期間にわたって秘密保持義務を

負うケースもあります。期間は2～3年とすることが多いですが，ビジネスおよび開示される情報の性質により調整が必要です。製品のコアとなる技術情報などは比較的長期の保護が必要となります。

　ビジネスの進行中，多くのパートナーと秘密保持契約を結ぶことが一般的です。しかし，多くの場合，契約の期間やその後の義務の残存期間は，交渉の結果として異なります。このため，各パートナーとの契約の内容や期間を正確に追跡するのは難しいことがあります。その解決策として，秘密保持契約を一元的に管理するシステムや方法を導入し，契約の期間や義務の継続期間が一目で確認できるようにすることが推奨されます。これにより，契約の管理が効率的になり，ビジネスの進行をスムーズに進めることができます。

【第11条（準拠法および裁判管轄）】

> 第11条　本契約に関する一切の紛争については，日本法を準拠法とし，●地方裁判所を第一審の専属的合意管轄裁判所とする。

　本条項では，準拠法および紛争解決手続に関して裁判管轄を定めています。クロスボーダーの取引も想定し，準拠法を定めるものです。なお，紛争解決手段については，裁判手続での解決を前提に裁判管轄を定める他，各種仲裁によるとする場合があります。

【第12条（協議事項）】

> 第12条　本契約に定めのない事項または本契約について疑義が生じた場合については，協議の上解決する。

　本条項は，紛争発生時の一般的な協議解決のためのものとなります。

秘密保持契約のポイントまとめ

　オープンイノベーションを推進するにあたり，相手方と締結する秘密保持契

約書について，まずは上述したモデル契約書から大きな相違点がないか確認しましょう。もし大きな相違点が見受けられる場合，それは自社に不利な契約内容となる可能性が高いです。そのような状況においては，積極的に相手方との交渉を進めることが必要です。交渉の際，経済産業省および特許庁が公表しているモデル契約書を提示することで，自社の立場や主張の正当性を強調し，より有利な契約内容へと導くための根拠としましょう。

5 技術検証（PoC）の意義について

オープンイノベーションを進める際，技術検証（PoC）は非常に重要なステップとなります。これは，自社の技術や製品を他社に評価・検討してもらうための過程であり，その成果が今後のビジネス展開に大きく影響します。

過去には，本格的な開発への移行を期待させられながら，繰り返し無償でPoCを行うことを求められ，結果として本開発に至らず，PoCにかかるコストの回収ができない「PoC貧乏」という状況に陥る企業も少なくありませんでした。

さらに，PoCの過程で得られた技術的な知見が，相手方に無断で譲渡されたり，特許として出願されたりするなどのトラブルが発生することもありました。

これらの問題を未然に防ぐためには，PoCを行う際のルールや条件を明確にする契約が必要です。この契約を「PoC契約」といい，オープンイノベーションが進む現代において，その重要性が高まってきています。このPoC契約により，双方の権益を守りながら，安心して技術検証を進めることができるようになります。

PoC契約のポイント

PoC契約において重要な点を以下に詳しく解説します。

① 目的の明確化

まず，PoC契約の目的を明確に記載することが重要です。何を検証するのか，その結果をどのように利用するのかを明確にすることで，双方の認識のずれを防ぐことができます。

② 秘密情報の定義

秘密保持契約書と同様に，どの情報を秘密として扱うのか，その範囲や取り扱いについて具体的に定義します。これにより，情報の取り扱いに関するトラブルを未然に防ぐことができます。

③ 情報の取り扱い

秘密情報の提供方法，保存方法，返却・破棄方法など，情報の具体的な取り扱いに関するルールを明記します。

④ 期間の設定

PoCの実施期間や，その後の秘密保持期間を明確に設定します。これにより，どの程度の期間情報を秘密として保持すべきかが明確になります。

⑤ 成果物の取り扱い

PoCの結果として生じる成果物の所有権や利用権についての取り決めを行います。特に，新たな知的財産が生まれる可能性がある場合，その取り扱いを明確にすることが重要です。

⑥ コストと費用

PoCの実施に伴うコストや費用の負担についての取り決めを行います。どちらの当事者がどの程度の費用を負担するのか，明確にすることで後のトラブルを防ぐことができます。

⑦　終了後の取り決め

　PoCが終了した後の取り決め，たとえば成功した場合や失敗した場合の次の
ステップについての合意を明記します。

⑧　紛争解決の手段

　万が一，契約に関するトラブルが生じた場合の紛争解決の手段や方法を定め
ます。調停，仲裁，裁判など，どの手段を選択するかを明記することで，迅速
に問題を解決することができます。

6　共同研究契約，共同開発契約，共同出願契約について

　オープンイノベーションを進める際，秘密保持契約の締結や技術検証
（PoC）の実施は初期段階の重要なステップです。しかし，その後の共同研究
契約，共同開発契約，共同出願契約の締結も，成功への道のりを確実にするた
めには欠かせない要素となります。

　共同研究契約は，双方の企業が共同で研究を進める際のルールや役割分担を
明確にするものです。この契約により，研究の方向性や目的，期間，費用の負
担などが明確になり，スムーズに研究を進めることができます。また，研究成
果の取り扱いや知的財産権の帰属など，後のトラブルを防ぐための取り決めも
行います。

　共同開発契約は，研究の成果をもとに製品やサービスを共同で開発する際の
取り決めを行うものです。開発の進行方法，役割分担，費用の負担，成果物の
取り扱いなどを明確にし，双方が納得の上で開発を進めることができます。

共同出願契約のポイント

　共同研究や共同開発の結果，新しい知的財産が生まれた場合，その権利をど
のように取り扱うかが問題となります。共同出願契約は，このような成果物を
共同で特許出願等を行う際の取り決めを行うものです。成果物に関する知財の

権利帰属や利用方法，収益の分配など，後のトラブルを防ぐための重要な契約となります。

　これらの契約を適切に締結することで，オープンイノベーションの取組みが円滑に進行し，双方の企業が互いの強みを活かして新しい価値を創出することができます。また，後のトラブルを防ぐための安全策としても，これらの契約の締結は非常に重要です。

　共同で特許出願を行う場合は，特許庁での審査を経て特許査定となった場合に，特許権も共有となります。特許権が共有になった場合は，単独で特許を取得する場合と比較して以下の制約が生じます。

---

① 相手方の同意を得なくてもその特許発明を実施することができる。
② 第三者に共有の特許権を譲渡する場合は相手方の同意が必要である。
③ 第三者にライセンスを付与する場合も相手方の同意が必要である。
④ 第三者が特許権を侵害している場合，相手方の同意がなくても特許侵害訴訟を起こすことができると解されている。

---

①　相手方の同意を得なくてもその特許発明を実施することができる

　特許権が共有されている場合，共有者は他の共有者の許可を得ることなく，その特許発明を自由に実施することができます。これは，共有者全員が特許権の共同所有者であるため，その権利を行使する際に他の共有者の制約を受けないという原則に基づきます。

②　第三者に共有の特許権を譲渡する場合は相手方の同意が必要である

　一方，共有している特許権のうち自分の持ち分を第三者に譲渡する場合，すべての共有者の同意が必要となります。これは，特許権の一部を譲渡することが他の共有者の権利を侵害する可能性があるためです。したがって，共有者の1人が単独で特許権を第三者に譲渡することは許されません。

③　第三者にライセンスを付与する場合も相手方の同意が必要である

　同様に，特許権の共有者が第三者にライセンスを付与する場合，他の共有者の同意が必要となります。これは，ライセンスの付与が特許権の行使に関わるため，共有者全員の合意が求められるからです。したがって，共有者の一方が無断で第三者にライセンスを付与することは，他の共有者の権利を侵害する行為となりえます。

④　第三者が特許権を侵害している場合，相手方の同意がなくても特許侵害訴
　　訟を起こすことができると解されている

　特許権が侵害された場合，共有者の一方が単独で特許侵害訴訟を起こすことが許されています。これは，各共有者が特許権の保護を求める権利を有していると考えられるからです。

　このように，共同で特許出願を行う場合は，特許権を取得した後に主に自分の持ち分の譲渡やライセンス付与において相手方の同意が必要になるという制約が生じるため，特許出願を自社単独で行うか共同出願を行うかについては慎重に検討する必要があります。

共同研究契約・共同開発契約のポイント

　それでは，オープンイノベーションの相手方と共同研究契約や共同開発契約を締結するにあたり，どのような点に気を付けなければならないでしょうか。

　経済産業省および特許庁により公表されているオープンイノベーション促進のためのモデル契約書には，共同研究開発契約の雛形もあります。以下，オープンイノベーションモデル契約書ver2.1の「共同研究開発契約書（AI編）」を参照して注意すべき点を解説したいと思います。

【前文】

X社（以下「甲」という。）とY社（以下「乙」という。）は，第2条に定義する本学習済みモデルおよび本連携システムの開発に関して，以下のとおり共同研究開発契約（以下「本契約」という。）を締結する。

【第1条】

第1条　甲および乙は，共同して下記の研究開発（以下「本共同開発」という。）を行う。

記

①　本共同開発のテーマ：甲が保有する「人体の姿勢推定AI技術」（動画・静止画から人物の姿勢をマーカーレスで推定するAI技術）を，乙が保有する介護施設における被介護者の見守用高機能カメラシステムに適用した本学習済みモデルおよび本連携システムの開発

②　本共同開発の目的（以下「本目的」という。）：前記学習済みモデルおよび本連携システムを利用した前記カメラシステムの開発および製品化

　前文および第1条では，共同研究開発（本研究）のテーマと目的を規定しています。第1条（目的）における「共同開発のテーマ」の記載は，非常に重要な部分となります。このテーマの記載がどれだけ具体的かが，契約の円滑な進行や後のトラブルの有無に大きく影響します。

　まず，テーマをあまりにも抽象的に記述すると，双方の企業が何を目的として共同研究開発を進めるのかの認識がずれてしまうリスクが高まります。このような認識の離齬は，研究開発の進行中や結果を共有する際に，意見の対立や紛争の原因となります。

　一方で，テーマを極端に具体的に記述すると，研究開発の進行に伴い新たな発見や方向性が見えてきた場合に，その都度契約の修正が必要となることが考えられます。これは，双方の企業にとって手間となり，柔軟な研究開発の進行を妨げる要因ともなりえます。

　したがって，第1条では，テーマの記載について「抽象的過ぎず，具体的過

ぎない」中間のバランスを取ることが推奨されます。このバランスを保つことで，双方の企業が共同研究開発の目的や方向性を共有しやすくなり，同時に研究開発の進行に柔軟性を持たせることができます。

【第2条（定義）】

> 第2条　本契約において使用される用語の定義は次のとおりとする。
> （略）

　この条項は，共同研究開発契約で用いられる主要な用語の定義を規定するものとなります。

【第3条（役割分担）】

> 第3条　甲および乙は，本契約に規定の諸条件に従い，お互いに協力して本共同開発において別紙（1）の5「具体的作業内容」に記載された業務を誠実に実施しなければならない（以下，甲の担当業務を「甲業務」，乙の担当業務を「乙業務」という。）。
> 2　本共同開発における甲および乙の作業体制は，別紙（1）の4「作業体制」においてその詳細を定める。

　この条項は，両当事者の役割分担（担当業務）を定めた規定となります。共同研究開発契約は，それぞれの役割分担（担当業務）の範囲内で，誠実に研究開発を行い，その成果を報告し合う義務を相互に負う，準委任契約であるという考えが有力です。このため，役割分担をある程度明確に定めないと，それぞれの当事者の履行義務の範囲を画定することができません。

【第4条（委託料およびその支払時期・方法）】

> 第4条　甲業務の対価は別紙（1）の9「委託料」で定めた金額とする。
> 2　乙は甲に対し，甲業務の対価を，別紙（1）の「委託料の支払時期・方法」で定めた時期および方法により支払う。

　本条項では，甲業務の対価としての委託料の金額，支払時期および支払方法を定めています。

【第5条（作業期間）】

> 第5条　本共同開発の作業期間は，別紙（1）の「作業期間」に定めたとおりとする。

　本条項では，契約の契約期間に関する条項とは別に，本共同開発の目安となるスケジュール・ロードマップを定めています。共同開発においては開発が予定通りに進むとは限らず，予定完了時期を超えて継続する場合もあります。その場合に，作業期間を明確に決めずに開発を続けてしまうと，想定以上の時間を費やしたにもかかわらず追加の委託費用をもらえないという事態も起こりえます。他方，発注側としても，想定した期間内までに開発の成果を得られないという事態が起こりえます。このため，共同開発の目安となるスケジュールを契約で定めておくことが望ましいです。

【第6条（各自の義務）】

> 第6条　甲は，情報処理技術に関する業界の一般的な専門知識に基づき，善良な管理者の注意をもって，甲業務を行う義務を負う。
> 2　甲は，本件成果物について完成義務を負わず，本件成果物が乙の業務課題の解決，業績の改善・向上その他の成果や特定の結果等を保証しない。
> 3　本共同開発に関して発生する不具合（乙が別途本契約外で開発する本見守りカメラシステムおよび対象データに起因する不具合を含む。）について，甲は一切の責任を負わない。ただし，当該不具合が，本件成果物のうち本連携システムのみに起因する場合はこの限りではない。
> 4　乙は，介護業界，見守りカメラシステムに関する業界の一般的な専門知識，対象データおよび共同開発に必要なノウハウの提供者としての地位に基づき，善良な管理者の注意をもって，乙業務を行う義務を負う。

本条項は，甲が業務を履行するに際しての善管注意義務および本件成果物の性能の非保証，ならびに乙が業務を履行するに際しての事業会社の善管注意義務を定めています。共同開発契約は準委任契約の性質を有するものであり，本来，各当事者は完成義務を負うものではありませんが，このことを第2項で規定しています。一方で，第3項，第4項では業務の受託者（甲）および発注者（乙）それぞれの善管注意義務を確認的に定めることにより，不注意や不誠実な態度によって成果物が完成しないことを防止しています。

【第7条（責任者の選任および連絡協議会）】

> 第7条　甲および乙は，本共同開発を円滑に遂行するため，本契約締結後速やかに，本共同開発に関する責任者を選任し，それぞれ相手方に書面等で通知する。また，責任者を変更した場合，速やかに相手方に書面等で通知する。
> 2　甲乙間における本共同開発の遂行にかかる，要請，指示等の受理および相手方への依頼等は，責任者を通じて行う。
> 3　責任者は，本共同開発の円滑な遂行のため，進捗状況の把握，問題点の協議および解決等必要事項を協議する連絡協議会を定期的に開催する。なお，開催頻度等の詳細については，別紙（1）「連絡協議会」に定めるとおりとする。ただし，甲および乙は，必要がある場合，理由を明らかにした上で，随時，連絡協議会の開催を相手方に求めることができる。

本条項では，双方の会社の間でのやり取りをスムーズに行うために，双方の窓口となる責任者を任命することを規定しています。また，進捗状況の報告等を定期的に行う会議を開催し，課題等について情報の共有を行うとともに，必要に応じて緊急の会議を開催することを可能とすることを規定しています。

【第8条（再委託）】

> 第8条　甲は，乙が書面等によって事前に承認した場合，甲業務の一部を第三者（以下「委託先」という。）に再委託することができる。
> 2　前項の定めに従い委託先に本共同開発の遂行を委託する場合，甲は，本契

約における自己の義務と同等の義務を，委託先に課す。
3　甲は，委託先による業務の遂行について，乙に帰責事由がある場合を除き，自ら業務を遂行した場合と同様の責任を負う。ただし，乙の指定した委託先による業務の遂行については，甲に故意または重過失がある場合を除き，責任を負わない。

　本条項は，業務の受託側である甲の業務の遂行に際しての再委託の可否および再委託が行われた場合の甲の責任内容について定めています。

【9条（本契約の変更）】

　第9条　本契約の変更は，当該変更内容につき事前に甲および乙が協議の上，別途，書面等により変更契約を締結することによってのみこれを行うことができる。
2　甲および乙は，本共同開発においては，両当事者が一旦合意した事項（開発対象，開発期間，開発費用等を含むが，これらに限られない。）が，事後的に変更される場合があることに鑑み，一方当事者より本契約の内容について，変更の協議の要請があったときは，速やかに協議に応じなければならない。
3　変更協議においては，変更の対象，変更の可否，変更による代金・納期に対する影響等を検討し，変更を行うかについて両当事者とも誠実に協議する。

　本条項では，開発途中で本共同開発の内容等について変更する必要が生じた場合の変更手続を定めています。

　モデル契約書の共同研究開発契約書における第10条（本件成果物の提供および業務終了の確認），第11条（対象データ等），第12条（対象データの利用・管理），第13条（本学習用データセットの取扱い）については個別具体的な事例となるため省略します。

【第14条（秘密情報の取扱い）】

　第14条　甲および乙は，本共同開発遂行のため，相手方より提供を受けた技術上または営業上その他業務上の情報のうち，次のいずれかに該当する情報

（ただし対象データを除く。以下「秘密情報」という。）を秘密として保持し，秘密情報の開示者の事前の書面等による承諾を得ずに，第三者（本契約第8条に基づく委託先を除く。）に開示，提供または漏えいしてはならない。

① 開示者が書面等により秘密である旨指定して開示等した情報

② 開示者が口頭により秘密である旨を示して開示等した情報で開示後●日以内に書面等により内容を特定した情報。なお，口頭により秘密である旨を示した開示等した日から●日が経過する日または開示者が秘密情報として取り扱わない旨を書面等で通知した日のいずれか早い日までは当該情報を秘密情報として取り扱う。

2 前項の定めにかかわらず，次の各号のいずれか1つに該当する情報については，秘密情報に該当しない。

① 開示者から開示等された時点ですでに公知となっていたもの

② 開示者から開示等された後で，受領者の帰責事由によらずに公知となったもの

③ 正当な権限を有する第三者から秘密保持義務を負わずに適法に開示等されたもの

④ 開示者から開示等された時点で，すでに適法に保有していたもの

⑤ 開示者から開示等された情報を使用することなく独自に取得し，または創出したもの

3 甲および乙は，秘密情報について，本契約に別段の定めがある場合を除き，事前に開示者から書面等による承諾を得ずに，本共同開発遂行の目的以外の目的で使用，複製および改変してはならず，本共同開発遂行の目的に合理的に必要となる範囲でのみ，使用，複製および改変できる。

4 秘密情報の取扱いについては，第12条第3項から第6項の規定を準用する。この場合，同条項中の「対象データ」は「秘密情報」と，「甲」は「秘密情報の受領者」と，「乙」は「開示者」と読み替える。

5 本条は，秘密情報に関する両当事者間の合意の完全なる唯一の表明であり，本条の主題に関する両当事者間の書面等（本契約締結以前に両当事者間で締結した契約を含む。）または口頭による提案その他の連絡事項のすべてに取って代わる。

6 本条の規定は本契約が終了した日より3年間有効に存続する。

本条項は，相手方から提供を受けた秘密情報の管理に関するものです。秘密

保持契約や PoC 契約に引き続いて共同研究開発契約を締結する場合は，共同研究開発契約よりも前に締結した契約における秘密保持条項と，共同研究開発契約における同条項の関係が問題となります。既存の秘密保持条項とは異なる内容の秘密保持条項を共同研究開発契約で設ける場合は，それらの優先関係に留意する必要があります。

【第15条（成果の公表）】

第15条　甲および乙は，前条で規定する秘密保持義務を遵守した上で，両者が合意した時期に，本共同開発開始の事実として，別紙（2）（公表事項）に定める内容を開示，発表または公開することができる。

2　甲および乙は，前条で規定する秘密保持義務および次項の規定を遵守した上で，本共同開発の成果を開示，発表または公開すること（以下「成果の公表等」という。）ができる。

3　前項の場合，甲または乙は，成果の公表等を行おうとする日の30日前までに本共同開発の成果を書面等にて相手方に通知し，甲および乙は協議により当該成果の公表等の内容および方法を決定する。

本条項では，共同研究開発の開始および成果の公表の手続を定めています。この条項では，共同研究開発の成果の公表については，秘密保持義務を遵守することはもちろん，成果について事前通知の上，公表内容について協議を行うべきこととしています。

【第16条（個人情報の提供）】

第16条　甲および乙は，相手方に対して秘密情報を開示する正当な権限があることおよびかかる提供が法令に違反するものではないことを保証する。

2　本共同開発の遂行に際して，乙が，個人情報等を甲に提供する場合には，個人情報保護法に定められている手続を履践していることを保証する。

3　乙は，本共同開発の遂行に際して，個人情報等を甲に提供する場合には，事前にその旨を明示する。

4 甲は，前項に従って個人情報等が提供される場合には，個人情報保護法を遵守し，個人情報等の管理に必要な措置を講ずる。

　本条項では，第1項が，双方が開示する秘密情報について当該情報を開示する権限を有していること等の一般的な表明保証条項となっています。また，第2項以降は，乙が甲に提供する対象データを含む情報に個人情報等が含まれている場合に関する規定となっています。

【第17条（本件成果物等の著作権の帰属）】

第17条　本件成果物および本共同開発遂行に伴い生じた知的財産（以下「本件成果物等」という。）に関する著作権（著作権法第27条および第28条の権利を含む。以下，本契約において同じ。）は，乙または第三者が従前から保有していた著作権を除き，甲に帰属する。ただし，本連携システムおよび本ドキュメント（以下「本連携システム等」という。）に関する著作権は委託料全額の支払いと同時に乙に移転する。

2　甲および乙は，本契約および別途甲乙間で締結する利用契約に従った本件成果物等の利用について，相手方および正当に権利を取得または承継した第三者に対して，著作者人格権を行使しない。

3　第1項の規定にかかわらず，甲が本契約第24条1項2号および3号のいずれかに該当した場合には，乙は，甲に対し，第1項に定める知的財産権を乙または乙の指定する第三者に対して無償で譲渡することおよび乙が当該知的財産権を利用するために必要な知的財産のうち甲が有する知的財産の無償・無期限の利用許諾ならびに必要な措置を履行するよう求めることができる。

　本条項では，本件成果物等の知的財産権のうち著作権の帰属について定めています。本条1項により，本学習済みモデルその他の知的財産に関する著作権は受託側（甲）に原始的に帰属し，本連携システムおよび本ドキュメントの著作権は発注側（乙）に移転することになります。なお，著作権の移転は登録をしなければ第三者に対抗できないため（著作権法第77条1号），確実を期すのであれば移転登録をすべきであり，これを念頭に置いて，移転登録へのスタートアップの協力義務を契約条項として設けることも考えられます。

【第18条（本件成果物等の特許権等の帰属）】

> 第18条　本件成果物等にかかる特許権その他の知的財産権（ただし，著作権は除く。以下「特許権等」という。）は，本件成果物等を創出した者が属する当事者に帰属する。
> 2　甲および乙が共同で創出した本件成果物等に関する特許権等については，甲および乙の共有（持分は貢献度に応じて定める。）とする。この場合，甲および乙は，共有にかかる特許権等につき，それぞれ相手方の同意なしに，かつ，相手方に対する対価の支払いの義務を負うことなく，自ら実施することができるものとし，第三者に対する実施の許諾については相手方の同意を要する。
> 3　甲および乙は，前項に基づき相手方と共有する特許権等について，必要となる職務発明の取得手続（職務発明規定の整備等の職務発明制度の適切な運用，譲渡手続等）を履践する。
> 4　甲および乙は，本共同開発の過程で生じた特許権等に基づいて出願しようとする場合は，事前に相手方にその旨を書面等により通知しなければならない。相手方に通知した発明が単独発明に該当すると考える当事者は，相手方に対して，その旨を理由とともに通知する。

　本条項では，本件成果物等に関する著作権以外の知的財産権の対象となるものの権利帰属について定めています。

　共同研究開発契約の交渉では，創出された知的財産権の帰属について議論となることが多くあります。ここで，このような創出された知的財産権の帰属の問題をクリアする方法として，権利帰属と利用条件を分けて協議・合意することが，合理的となります。ここでの共同研究開発契約書でも，本条項および次の第19条のように権利帰属と利用条件を分けて規定しています。

【第19条（本件成果物等の利用条件）】

> 第19条　本件成果物等に関する乙の利用条件は，別途甲乙間で締結する利用契約において定める。なお，利用契約の規定と本契約の規定が矛盾する場合は，利用契約の規定が優先する。

　2　乙は，甲に対し，甲が本共同開発およびその後の保守・運用・追加学習の目的で本連携システム等を利用することを非独占的かつ無償で許諾する。

　本条項では，本件成果物等の利用に関する条件を定めています。上述したように，共同開発契約において最も契約交渉が難航するのは知的財産権の帰属および利用条件ですが，実際の共同開発契約においては，成果物を「誰が」「どのように」利用したいかによって，権利帰属および利用条件についてさまざまな交渉・合意パターンがあります。

【第20条（禁止事項）】

　第20条　乙は，本契約に別段の定めがある場合を除き，本件成果物について，次の各号の行為を行ってはならない。
　① リバースエンジニアリング，逆コンパイル，逆アセンブルその他の方法でソースコードを抽出する行為
　② 再利用モデルを生成する行為
　③ 学習済みモデルへの入力データと，学習済みモデルから出力されたデータを組み合わせて学習済みモデルを生成する行為
　④ その他前各号に準じる行為

　本条項では，本件成果物を発注側の乙が使用する際の禁止行為を定めています。

【第21条（非保証）】

　第21条　甲は，乙に対し，本件成果物の利用が第三者の特許権，実用新案権，意匠権，著作権等の知的財産権を侵害しないことを保証しない。
　2　本件成果物の利用に関し，乙が第三者から前項に定める権利侵害を理由としてクレームがなされた場合（訴訟を提起された場合を含むが，これに限らない。）には，乙は，甲に対し，当該事実を通知するものとし，甲は，乙の要求に応じて当該訴訟の防禦活動に必要な情報を提供するよう努めるものとする。

　本条項は，発注者側である乙による本サービスの利用に関する非保証を定めています。第1項は，本サービスの利用が乙の特定の目的に適合する場合の非保証を規定しています。また，第2項は，知的財産権侵害の非保証を前提として，乙が第三者から訴訟提起された場合の甲の協力義務を定めています。

【第22条（損害賠償）】

> 第22条　甲および乙は，本契約の履行に関し，相手方の責めに帰すべき事由により損害を被った場合，相手方に対して，損害賠償を請求することができる。ただし，この請求は，業務の終了確認日から●か月が経過した後は行うことができない。
> 2　甲が乙に対して負担する損害賠償は，債務不履行，法律上の契約不適合責任，知的財産権の侵害，不当利得，不法行為その他請求原因の如何にかかわらず，乙に現実に発生した直接かつ通常の損害に限られ，逸失利益を含む特別損害は，甲の予見または予見可能性の如何を問わず甲は責任を負わない。
> 3　本条第1項に基づき甲が乙に対して損害賠償責任を負う場合であっても，本契約の委託料を上限とする。
> 4　前2項は，甲に故意または重大な過失がある場合は適用されない。

　本条項では，契約の履行に関して損害が発生した場合の賠償について規定しています。具体的には，甲に故意または重大な過失がない場合は，損害賠償の範囲を直接かつ現実に生じた損害に限定し，また損害賠償額について委託料の上限とすると規定しています。

【第23条（第三者ソフトウェアの利用）】

> 第23条　甲は，本共同開発遂行の過程において，本件成果物を構成する一部として第三者が著作権を有するソフトウェア（以下「第三者ソフトウェア」という。）を利用しようとするときは，第三者ソフトウェアの利用許諾条項，機能，脆弱性等に関して適切な情報を提供し，乙に第三者ソフトウェアの利用を提案する。

> 2 本契約の他の条項にかかわらず，甲は，第三者ソフトウェアに関して，著作権その他の権利の侵害がないことおよび不適合のないことを保証するものではなく，甲は，第1項所定の第三者ソフトウェア利用の提案時に権利侵害または不適合の存在を知りながら，もしくは重大な過失により知らずに告げなかった場合を除き，何らの責任を負わない。

　AI技術を利用したソフトウェアの開発においてはOSS（オープンソフトウェア）のような第三者ソフトウェアが大量に利用されるため，本条項では第三者ソフトウェアの利用について規定しています。具体的には，第三者ソフトウェアの利用により生じた損害については，第三者ソフトウェアの利用による開発費や開発期間短縮の恩恵を受けているのは発注側（乙）であることから，乙が負担するものとしていますが，受託側（甲）はソフトウェア開発の専門家であることから，第三者ソフトウェアに関する適切な情報を事業会社に提供するものとし，また，第三者ソフトウェアに問題があることについて故意・重過失がある場合には，甲の免責を認めないものとしています。

　モデル契約書の共同研究開発契約書における第24条（権利義務譲渡の禁止），第25条（解除），第26条（有効期間），第27条（存続条項），第28条（準拠法および管轄裁判所），第29条（協議）については個別具体的な事例となるため省略します。

7　オープンイノベーションにおいて知財財産に係る取引で気をつけなければならないこと

　オープンイノベーションを行うにあたり知的財産に係る取引には多くの落とし穴が存在し，特に中小企業やベンチャーにとっては大きなリスクとなることも少なくありません。そこで，公正取引委員会が実施した実体調査[7]をもとに，知的財産に関する取引で気を付けなければならないポイントや実際に起こりうる問題点について詳しくみていきます。

　公正取引委員会による実体調査で報告された事例について，同委員会が発表した報告書では以下の8つの項目に分類し，参考事例を紹介しています。

> 1．秘密保持契約・目的外使用禁止契約無しでの取引を強要される
> 2．営業秘密であるノウハウの開示等を強要される
> 3．ノウハウに含まれる設計図面等を買いたたかれる
> 4．無償の技術指導・試作品製造等を強要される
> 5．著しく均衡を失した名ばかりの共同研究開発契約の締結を強いられる
> 6．出願に干渉される
> 7．知的財産権の無償譲渡・無償ライセンス等を強要される
> 8．知財訴訟等のリスクを転嫁される

　各取引のフェーズにおいて，大企業と中小企業の対等な取引関係を築くという観点から，問題となりうる取引事例がみられたとのことです。

　具体的には，契約締結前の取引交渉段階では，秘密保持契約に応じてくれなかったり，片務的な秘密保持契約書（NDA）や秘密保持期間が短い内容（たとえば，期間が1年間未満で更新条項も無いもの）のNDAを提示してきて中小企業の情報を一方的に聞き出そうとしたりするケースが報告されています。

　このような場合は，取引交渉前に秘密情報の仕分けを前もって行い，特許で保護可能なものについては相手方に提示する前に特許出願を行う一方，特許で保護することが難しいノウハウについてはそもそも相手方に提示しないという方法が考えられます。

　しかし，実際の交渉の場では秘密保持契約を結んでいないにもかかわらず，こうしたノウハウの提示を求められる場合があります。また，相手方は自社の秘密情報を自由に使える一方で，相手方の秘密情報は厳格に守ることを求められるような片務的な秘密保持契約書を提示されることもあります。

7　公正取引委員会「製造業者のノウハウ・知的財産権を対象とした優越的地位の濫用行為等に関する実態調査報告書の公表について」（2019年6月14日）
https://www.jftc.go.jp/houdou/pressrelease/2019/jun/190614.html

知的財産取引に関するガイドライン

このような場合は，中小企業庁が公表している「知的財産取引に関するガイドライン[8]」を相手方に提示する方法が考えられます。ガイドラインによれば，相手企業の「営業秘密」の取り扱いについて以下のようにあるべき姿が規定さています。

◎営業秘密

【あるべき姿】

　相手方が秘密として管理する情報（以下「秘密情報」という）については，相手方の事前の承諾を得ることなく，取得し，又は，開示を強要してはならない。

　相手方の秘密情報を知った場合には，これを厳に秘密に保持するものとし，相手方から事前に明示的に承諾を得ることなく利用し，又は，第三者へ開示してはならない。

また，同ガイドラインでは，秘密保持契約についても以下のようにあるべき姿を示しています。

【あるべき姿】

　当事者の意思に反するような形で事前に秘密保持契約を締結することなく，取引交渉や工場見学等，相手方のノウハウや技術上又は営業上の秘密等を知り得る行為をしてはならない。この場合において，一方当事者のみが秘密保持義務を負う内容のものであってはならない。

　一方，秘密保持契約を締結する場合においても，当事者が機密保持契約を締結する目的に照らして，必要以上に秘密情報を提供する企業の事業活動を制限しないように配慮しなければならない。

このように，契約締結前の取引交渉段階で相手方が秘密保持契約を締結して

8　中小企業庁『知的財産取引に関するガイドライン』
　https://www.chusho.meti.go.jp/keiei/torihiki/chizai_guideline/guideline01.pdf

くれなかったり，片務的な秘密保持契約を強要してきたりした場合は，たとえば自社の法務部門や外部の顧問弁護士等により上記のガイドラインを提示してもらい，取引開始前であっても秘密保持契約の締結を求めることは当然のことであると主張することが望ましいといえます。

◎情報提供等

　試作品製造や共同開発等を行う段階でも知財に関するさまざまなトラブルが発生します。たとえば，自社が相手方から製造委託を受けていたが，発注元が自社から第三者に発注先を変更し，この第三者がうまく製造できないことを理由に技術指導を無償で実施することを強要されたり，製造委託に関係がない技術指導を行うことを求められたりすることがあります。他にも，試作品を納品した際に発注側である相手方と内製化しない旨の誓約書を締結したにもかかわらず，相手方が内製化を進めていたことが判明するケースもあります。このような場合はどのように対応すればよいでしょうか。

　試作品の製造において自社独自の技術が絡んでいる場合は，特許出願が可能であれば納品前にあらかじめ特許出願を行っておきます。これが，発注元が自社から第三者に発注先を変更することに対する牽制となります。

　製造委託に関係がない技術指導を求められた場合は，まずは無償ではなく適切な対価の支払いを求めることが考えられます。しかし実際は相手方との力関係から，断ったり対価を求めたりするのが難しいケースもあります。この場合は，契約締結前の取引交渉段階と同様に，中小企業庁が公表している「知的財産取引に関するガイドライン」を相手方に提示することにより，自社に不利な取引を是正する必要があります。無償の技術指導・試作品製造等の強制についてガイドラインでは以下のように提示されています。

　【あるべき姿】
　　競合する取引先への技術指導，試作品の製造や技術指導，実験等を意に沿わない形で強制してはならない。

また，試作品等の製造を依頼する場合には，実費（材料費，人件費等）は当然のこととして，技術に対する対価，利益を含む適切な対価を支払わなければならない。

承諾がない知的財産やノウハウ等の利用についてもガイドラインでは以下のように示されています。

【あるべき姿】
試作品の製造を依頼した場合における試作品そのもの又は技術指導の過程で得た情報を秘密情報として取扱うこととし，その企業が蓄積してきた知識・経験などを含むノウハウを相手方の事前の書面による承諾を得ることなく，他の目的に利用し，複製し，又は，第三者に開示してはならない。

ここで，ガイドラインでは，特許等の産業財産権に限らず，ノウハウや技術情報などの情報や，これらが反映された試作品等そのものについても，当該企業にとっての競争力の源泉となる情報であるため，秘密情報として取り扱うべきであると述べられています。

◎知財の帰属・利用条件

また，前節で共同開発契約において契約交渉が最も難航するのは知的財産権の帰属および利用条件であると述べましたが，共同研究開発における成果の権利帰属についてもガイドラインでは以下のように提示されています。

【あるべき姿】
共同研究開発によって得られた成果の帰属は，技術やアイデアの貢献度によって決められることが原則である。特に，もっぱら中小企業のみが技術やノウハウ，アイデアを提供している場合であって，大企業あるいは親事業者のみに単独で帰属させるときには，原則としてノウハウ等の広義の知的財産権を含む適切な対価を支払わなければならない。その際，技術等を提供した中小企業が望めば，共同研究の成果を同社も利用できるよう，無償で実施権を設定する，もしくは優先的に専用実施権を得る権利を付与するなど，共同研究に携わった中小企業の利用可能性に配慮しなければならない。

◎製造委託・販売等

　製造委託・製造販売・請負販売等においてもさまざまな知財のトラブルが発生しがちです。よくあるのが，製造委託を受託したところ，製造現場を動画で撮影して報告することが求められ，自社のノウハウが相手方に吸い上げられたり，製造委託により製造していたOEM品のみならず自社の独自製品についてもレシピ等の技術情報を無償で開示することを要求されたりすることです。この場合も同様に，中小企業庁のガイドラインを提示することにより不当な要求を受け入れないようにすることが望ましいといえます。

　契約に含まれない技術資料等の開示についてガイドラインでは以下のようにあるべき姿が提示されています。

> 【あるべき姿】
> 　製造委託にあたり，委託本来の目的に照らして合理的に必要と考えられる範囲を超えて，相手方の有するノウハウ，アイデア，レシピ等の技術上又は営業上の秘密情報，又は技術指導等の役務（以下総称して「技術情報等」という。）の提供を求めてはならない。

　製造現場にはさまざまな技術上又は営業上の秘密情報などがあり，当該企業の競争力の源泉になっています。このため，委託本来の目的に照らして，合理的に必要だと思われる範囲を超え，技術情報等の提供を求めてはならないとされています。

◎情報提供を受ける場合

　技術情報等の提供を受ける場合の対価・技術情報の活用や金型設計図面等の提供についてもあるべき姿がガイドラインで示されています。

> 【あるべき姿】
> 　技術情報等の提供を受ける場合には，当該技術情報を作出するにあたり必要となった費用や工数に応じた人件費等を含む相当な対価を支払わなければならない。

　また，技術情報等の提供を受けた大企業または親事業者は，厳重に管理をするとともに，当該技術情報等を保有する中小企業に対して事前に明確な承諾を得ることなく，または当事者間での約束に反する態様で，第三者へ開示し，又は，契約の目的を超えて当該技術情報等を利用してはならない。
　製造委託の目的物とされていない，金型の設計図面，CADデータその他技術データの提供を，当事者の意に沿わない形で強制してはならない。
　当該技術データ等の提供を求め，又はこれを利用する場合には，製作技術やノウハウの創造に要した費用，人件費等を含む相当な対価を支払わなければならない。

　2010年11月30日には公正取引委員会から「優越的地位の濫用に関する独占禁止法上の考え方」が示されましたが，その中で自己の取引上の地位が相手方に優越していることを利用して，正常な商慣習に照らして不当に所定の行為を行うことは独占禁止法に違反すると規定されました。

　このような規定が公正取引委員会から公表されてから実際に大企業による不当な強要行為が減少したとの意見もありますので，中小企業庁が公表したガイドラインに加えて，公正取引委員会が公表した「優越的地位の濫用に関する独占禁止法上の考え方」も弁護士等の専門家から相手方に提示してもらう方法も考えられます。

◎無償譲渡・無償実施許諾

　特許出願・知的財産権の無償譲渡・無償実施許諾に関して，製造委託を受託しているときに受託内容に直接関係ない特許出願についても発注元に報告する義務があり，発注元からの要請により共同出願にさせられる等のトラブルが報告されています。この点について，中小企業庁が公表したガイドラインでは以下のようなあるべき姿が提示されています。

【あるべき姿】
　取引とは直接関係のない又は中小企業が独自に開発した発明その他これに係る独自の改良発明等の出願，登録等について，事前報告や出願等の内容の修正を求めるなど，企業が単独で行うべき出願等に干渉してはならない。

　　相手方が生み出した特許権等について，相手方に対し，無償による譲渡を強要したり，相当の対価を支払うことなく自社に単独帰属することを強要してはならない。

　　また，相手方が生み出した特許権等の知的財産権について，自社が相手方に対し，相当の対価を支払うことなく相手方又は第三者への実施許諾を強制してはならない。

　　また，発注者の指示に基づく業務について，仮に第三者の知的財産権を侵害した場合，それを受注者側に一方的に転嫁させることや，その旨を契約に定めることは適正な取引とはいえません。受託側は発注先に「納入した製品に特許侵害がないことを確認した」と誓約する特許保証を付けるのが一般的ですが，中小企業やベンチャーが大企業と取引を行う際の特許保証では，発注元が強い立場を利用して下請けに過大な負担を求めるケースがあります。このため，中小企業庁が公表したガイドラインでは，知財訴訟等のリスクの転嫁について，「発注者の指示に基づく業務について，知的財産権上の責任を，中小企業等に一方的に転嫁してはならない。」とあるべき姿を示しています。

第6章のまとめ

- 組織の外部からのアイデアや技術を活用し，新たな価値を生み出すオープンイノベーションの動きが加速している。
- 開発テーマ選定時に他の企業や大学，研究機関等と共同研究，共同開発を行う場合は，秘密保持契約や共同研究開発契約等を締結する必要がある。
- 特許出願を共同で行い特許権が共有になった場合は，単独で特許権を保有する場合と比べてさまざまな制約が生じる。
- 秘密保持契約や共同研究開発契約等を他社と締結する場合は経済産業省や特許庁が作成したモデル契約書の雛形を参照する。
- 中小企業やベンチャーが大企業と取引を行うにあたり中小企業庁が公表している「知的財産取引に関するガイドライン」や公正取引委員会が作成した「優越的地位の濫用に関する独占禁止法上の考え方」が参考になる。

コラム6　大学の研究成果の社会実装への道筋

　近年では国際競争が激化する中，民間企業と大学や研究機関が連携し，スピード感を持ってイノベーションを創出していくことが重要になっています。諸外国では，たとえば米国においてマサチューセッツ工科大学（MIT）やハーバード大学の周辺に，大学発のスタートアップ，ベンチャーキャピタル，既存企業を含むエコシステムが形成されています。このようなエコシステムでは，大学の研究成果が知財となり，これをスタートアップや既存企業が社会実装することにより得られる利益を新たな研究活動や知財の創出・確保にあてることが重要になります。

　現在は新たな製品やサービスの開発を行うにあたり研究が細分化しており，あらゆる分野の研究開発を一企業だけで行うことが難しくなっているため，民間企業が大学の知の力を借りることが増えています。とりわけ医薬やバイオの分野では，国境をまたいだ大学と企業との連携が増えています。

　しかし，大学では研究成果について論文で発表することが最終的な目標となるのに対し，民間企業では事業化が最も重要であり，両者の目的が相違することから産学間での連携がうまくいかないことも少なくありません。たとえば企業と大学の間での共同研究の成果について，大学の先生は学会や論文で早く発表したいのに対し，企業は研究成果についてノウハウとして自社だけの技術にしたり，製品やサービスの販売開始までできるだけ秘匿しておきたいといった要望があり，立場の違いによる対立が生じることがあります。逆に，大学の先生が学会で発表する内容について，特許出願を行うことができる発明のアイデアが入ってしまっており，企業の人間から見たら先に特許出願をしておかないと後々トラブルになると考えるケースもあります。

　また，現実問題として，産学連携における共同研究のお金にまつわるさまざまな課題もあります。2004年の国立大学の法人化に伴い，行政改革の一環として国から大学への交付金が毎年1％ずつ下げられるようになり，研究費の低下により大学の先生にとっては民間からの資金の獲得が迫られるようになりました。しかし，産学連携における共同研究について，研究費が100万円未満のケースが半数弱

であり，十分な研究費を大学が得られていないという問題があります＊。また，大学は共同研究の成果を社会実装することができないため，共同研究により生まれた発明を企業が実施する場合は大学は不実施補償として実施料を企業から得たいという要望があります。

　このような産学連携における民間企業と大学との間の認識の差を埋めるべく，2016年に，文部科学省より「産学官連携による共同研究強化のためのガイドライン」が公表されました。このガイドラインでは，産業界から見た，大学・国立研究開発法人が産学官連携機能を強化するうえでの課題と，それに対する処方箋を示すことにより，大学・国立研究開発法人が自らの選択により産学官連携を推進するにあたってのとりうる方向性が示されています。とりわけ，大型の共同研究を「組織」対「組織」において実施するにあたり期待される，大学・国立研究開発法人側のマネジメントのあり方について明記されていることが特徴的です。

　また，2023年には，特許庁と経済産業省により，大学と研究開発型スタートアップ，大学と事業会社の連携を促進するため，「モデル契約書（大学編）」が取りまとめられました。このモデル契約書では，「知」への価値付けを契約条項に落とし込む試みが行われています。

　このように，産学連携による大学の研究成果の活用は，国際競争が激化する中で日本のイノベーションを推進する重要な鍵となりますが，その成功には多くの課題が存在します。民間企業と大学の間には，研究の公表や金銭に関する考え方の違いがあり，それが連携の障壁となっています。今後は産業界と大学が相互の理解を深め，実りある連携を築いていくことが求められます。日本の競争力向上のため，双方が手を取り合い，共に歩む未来が待たれます。

＊　文部科学省「大学等における産学連携等実施状況について 令和 3 年度実績」（令和 5 年 2 月10日） 7 ページ
　https://www.mext.go.jp/content/20230228-mext_sanchi02-000020147_1-01-2.pdf

第 **7** 章

グローバル化に伴う海外での知財活用

1 海外進出と知財戦略の重要性

　近年，少子高齢化や労働人口の減少，消費力の減退によって，国内市場が縮小傾向にあります。このような背景から，多くの企業が海外市場への進出を進めています。

　しかし，米国や中国，ヨーロッパ，新興国などの外国で事業を展開する際，知財の重要性を軽視して進出すると，現地の企業から模倣品が出されたり，外国の企業から特許侵害訴訟を提起されたりするトラブルに遭遇することが少なくありません。

　企業活動がグローバル化する中で，海外の進出先での知財の課題に直面することが増えてきました。そのため，進出先の国々の知財の保護や活用に関する制度を前もって理解し，適切な対策を立てることが非常に重要です。本章では，グローバル化が進む社会での知財の重要性について解説します。

2 海外進出の際に守るべき 3 つの種類の知財

　海外進出の際に重要となる知財には大別して 3 つの種類があります。 1 つ目は，特許権，意匠権，著作権等の知的創造物です。知的創造物とは，個人や企業が独自に開発した発明や技術，デザインのことをいいますが，このような知

的創造物の保護について海外では国ごとに独自のルールが存在する点に気を付けなければなりません。たとえば，米国内で行われた発明については最初に米国で特許出願を行い，その出願から6カ月が経過するまでは外国に出願してはならないという規定があります。中国でも中国内で完成した発明について中国以外の国を第一国として出願したい場合は最初に中国特許庁に秘密保持審査を請求しなければならず，中国特許庁の許可を受けてはじめて外国に特許出願を行うことができるという決まりがあります。また，意匠権や著作権についても各国でルールが大きく異なります。このように，海外で知的創造物の保護を図る場合は各国の制度を十分に理解して適切な手続を行わなければなりません。

2つ目は，商標権，サービスマークやロゴマーク，地理的表示（GI）等の営業標識です。このような営業標識は，個人や企業が商品やサービスの営業を行う際に消費者に識別してもらうために表示します。

ここで，海外進出の際に一番トラブルになりがちなのが，現地に進出して商品やサービスがヒットすると，ほぼ必ず商品名やロゴ等を真似されたり，現地企業が勝手に自社の営業標識について商標登録出願を行ったりすることです。このため，海外に進出する際には，あらかじめ企業名や商品名，サービス名について事前に商標登録出願を行っておくことが必要になります。

3つ目は，営業上や技術上の営業秘密です。営業秘密は，他社に対して秘密とすることでその価値を発揮しますが，このような営業秘密は，一度でも漏洩すればたちまち資産としての価値が失われてしまい，その回復は非常に困難となります。日本企業が海外に進出する際に現地企業と共同開発を行ったり，現地法人の従業員が退職して海外の会社に転職したりする際にも営業秘密漏洩の問題が生じやすいので気を付ける必要があります。

上述した3つの種類の知的財産のうち特許権，意匠権，商標権については，各国の特許庁に申請を行うことにより権利を取得することができます。また，地理的表示についても各国で申請を行うことにより登録されます。一方，著作権については著作物を創造したときに自動的に権利が発生し，登録は必須ではありません。

3　海外での事業展開で知財をどう活用するか

現地での商標権の取得はマスト

　海外でビジネスを展開する際，自社の屋号や製品の名前の商標登録は非常に大切です。近年，経済ニュースでよく取り上げられるように，中国など海外の企業が「青森りんご」や「讃岐うどん」のような日本の有名な名前の商標権を先に取得してしまうケースが増えています。このように，商標権は誰でも登録することができるため，いわば「先手必勝」の世界です。そのため，海外でのビジネスを始める前に，商標権だけは先に取得しておくことがおすすめです。

　トラブルに巻き込まれた例として，「無印良品」を展開する良品計画のケースが挙げられます。良品計画は中国でのビジネスを進めていましたが，ある中国の企業が「無印良品」の商標権を先に取得してしまいました。その結果，良品計画が中国で「無印良品」の名前で商品を販売した際，商標権を持つ中国の企業から訴えられ，多額の損害賠償を支払わなければならなくなりました。このような事例を避けるためにも，ビジネスを展開する国での商標登録は必須と言えます。

海外での意匠権の取得も有効

　自社の製品がデザインに優れている場合，海外での意匠権の登録は非常に有効です。海外で意匠権を取得すると，現地の企業がそのデザインをそのままコピーして模倣品を作るのを防ぐことができます。また，各国での意匠登録は，後で触れる特許登録と比べて特許明細書翻訳の必要がないため，比較的安価に行うことができるというメリットもあります。

　具体的な事例として，美容機器やフィットネス機器で世界的に成功している株式会社MTGのケースを紹介します。MTG社は，独自のデザインの美容機器でブランドを築いてきましたが，その素晴らしいデザインが逆に多くの模倣品

を生む原因となってしまいました。そこで，MTG社は中国などの国で積極的に意匠登録を行い，模倣品に対して意匠権侵害の訴訟を提起し，高額の損害賠償を受け取っています。さらに，ジェトロ（独立行政法人日本貿易振興機構）や中国の当局と連携し，模倣品の摘発活動も行っています[1]。

[図表7-1] 株式会社MTGの意匠権と中国での模倣品

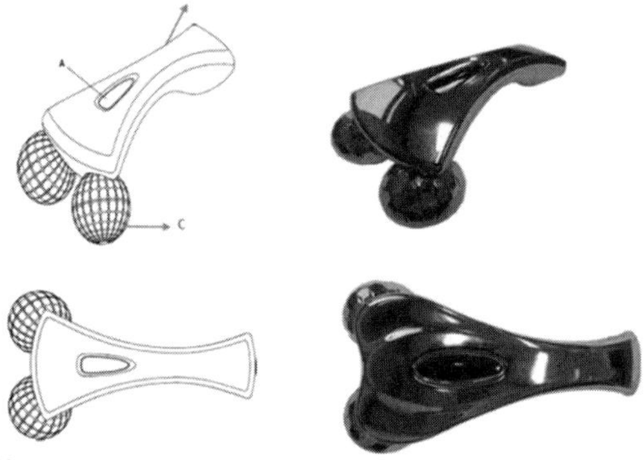

株式会社MTGの意匠権　　　中国での模倣品

出所：實川一誠「寄稿2 株式会社MTG 当社の模倣品対策について」，『特技懇』no.276，47-50ページ，2015年

海外での特許権については，何の技術をどの国に出願するかを見極める

先に触れた商標権や意匠権と比べて，各国での特許出願と特許権の取得には，費用の面で注意が必要です。特許権を各国で取得するためには，その国の言語での特許明細書が求められます。日本語の特許明細書をその国の言語に翻訳するのには，かなりの費用がかかります。さらに，海外で特許を出願しても，すぐに特許権が得られるわけではありません。特許を取得するためには，その技術が新しいと認められる必要があり，商標権や意匠権と比べると，取得のハードルは高めです。どの技術をどの国で出願するか，しっかりと考える必要があ

---

1 實川一誠「寄稿2 株式会社MTG 当社の模倣品対策について」『特技懇』no.276，47-50ページ，2015年

るのです。

　しかし，海外の市場で，多くの会社が同じ製品を売っている場合，自社が強力な特許権を持っていないと，競合他社から訴えられるリスクが高まります。特に，ある技術が成熟してきた市場では，各社が重要な特許を持っていることで，互いに製品を販売するバランスが取れています。このような市場に新しく参入する場合，必要な特許を持っていないと，他の会社からの訴訟リスクが高まり，市場から撤退しなければならないことも考えられます。

　このように，海外での特許権の取得は，商標権や意匠権の取得よりも難しいかもしれませんが，将来のビジネスのリスクを考えると，最低限の特許権は取得しておくことをおすすめします。

4　海外で事業を行う際の知的財産リスクについて

海外でビジネスを始める際に

　国内での事業を海外にも広げたいと考えたとき，はじめて海外展開をする場合は，いくつかのステップを順番に進めることが大切です。まず，各国で行われる業界の展示会に，自社のブースを設けて製品を紹介します。その後，現地の代理店と商談を進め，製品の販売に関する契約を結びます。契約に基づき，自社の製品を海外に輸出し，現地の代理店が販売を担当します。大手の企業の場合，日本の商社を利用することもありますが，そうした場合でも，後で触れる知的財産のリスクについては，商社に任せきりにせず，自社でも注意を払うことが必要です。

展示会への出展と知財リスク

　海外での事業展開を考える際，最初のステップとして各国で行われる展示会に自社のブースを設け，商品やサービスを紹介することが一般的です。展示会では，商品やサービスの展示のほか，技術の説明やカタログの配布，サンプル

の提供などが行われます。はじめて展示会に参加する場合，ジェトロがサポートしてくれるので，その窓口に問い合わせると良いでしょう。

しかし，展示会に参加することには知財のリスクが伴います。1つ目のリスクは，展示した商品やサービスの名前を現地の企業が先に商標として登録してしまうことです。このような場合，将来その国でビジネスを展開する際に，自社の商品名を変更しなければならないことも考えられます。

2つ目のリスクは，模倣品の出現です。展示会で紹介した商品やサービスがそれまでにないものだと，模倣品が市場に出回る可能性が高まります。特に，革新的な商品やサービスは模倣品が増えやすいため，その国でのビジネス展開時に模倣品との競合に注意が必要です。これらのリスクを避けるためには，特許権や意匠権，商標権などの知的財産権を適切に取得しておくことが大切です。

現地の代理店との商談と知財リスク

海外の展示会で自社の商品やサービスを紹介すると，その国の代理店からビジネスの提案を受けることがよくあります。そうした提案があったとき，代理店と商談を進めることで，その国でのビジネス展開がスムーズになります。

しかし，代理店との商談には知的財産のリスクが伴います。1つ目のリスクは，代理店が自社の商品名を勝手に商標として登録することです。これをされると，将来的にその国でのビジネス展開が難しくなることも考えられます。2つ目のリスクは，代理店が模倣品を作成することです。商談の中で，自社の技術やノウハウを軽々しく話すと，その情報をもとに模倣品が作られる可能性があります。そのため，商談の前に特許や意匠の登録をしておくことがおすすめです。3つ目のリスクは，技術やノウハウの漏洩です。特に，商談の担当者が知的財産に詳しくない場合，うっかり重要な情報を話してしまうことがあります。

海外の企業と契約する際には，契約の詳細や紛争時の対応についてもしっかりと考える必要があります。たとえば，紛争が起きたときの解決地や方法を明確にしておくことで，後々のトラブルを避けることができます。特に，中小企

業の場合，紛争解決の場所や方法によっては，大きな負担になることも考えられますので，注意が必要です。

海外への製品等の輸出と知財リスク

　現地の代理店との商談が進み，契約が結ばれると，自社の製品を海外に輸出することになります。具体的には，輸送の手配や通関の手続を進めることで，商品の輸出が始まります。

　しかし，自社製品の海外への輸出には，これまでの知的財産リスクに加えて，新しいリスクも考えられます。まず，気を付けるべきは，海外での競合他社の特許や商標，意匠などの権利を侵害していないか確認することです。もし，自社の商品が現地の企業の権利を侵害していた場合，販売の停止や損害賠償を求められることも考えられます。

　このようなリスクは，展示会などでの出展をきっかけに現地企業が権利を取得する場合や，現地企業が独自に新しい技術を開発している場合にも生じえます。知的財産権は国ごとに異なるため，輸出先の国ごとに他社の権利状況を確認することが大切です。

　輸出を考える際，余裕があれば，先行特許調査や商標調査を各国で行うことがおすすめです。また，海外輸出のもう1つのリスクとして，「パテントトロール」という存在があります。これは，自ら商品を作らない企業や個人が，多くの特許や商標を持ち，他の企業からライセンス料を取る行為を指します。パテントトロールに対応するのは難しいですが，状況に応じて厳しく対応したり，適切なライセンス料を支払ったりするなど，柔軟に対応することが大切です。

技術流出や営業秘密漏洩のリスク

　海外では，従業員の転職が珍しくありません。そのため，現地の法人で働く従業員が頻繁に転職することが多いです。さらに，日本とは情報の取扱い方や認識が異なるため，技術の流出や営業秘密の漏れるリスクが日本よりも高まります。このような背景から，技術情報や営業秘密の管理は，国内よりもさらに

重要となります。

　日本では，営業秘密を守るためには「有用性」「秘密の管理」「公に知られていないこと」の3つの条件を満たす必要があります。しかし，海外ではこのような営業秘密を守るための条件は国によって異なります。そのため，注意が必要です。

　海外での事業展開を考える日本企業は，秘密情報を海外に持ち出すことを避ける工夫も考えるべきです。たとえば，製品を作る際の重要な部品を日本の自社工場で作り，それを海外の工場に供給する方法などが考えられます。これにより，大切な製造工程を他社から見えないようにすることができます。

5　海外での知的財産権の取得について

　海外での特許権，意匠権，商標権などの知的財産権を取得する際には，2つの方法が考えられます。1つは，各国ごとに必要な出願書類を準備して各国の特許庁に直接出願する方法です。もう1つは，特定の条約を利用して国際的に出願する方法です。この国際的な方法には，特許権の場合は「特許協力条約（PCT）」，意匠権の場合は「ハーグ協定のジュネーブ改定協定」，商標権の場合は「マドリッド協定議定書」を利用する制度があります。

　これらの制度の利点は，各国ごとの出願書類を1つ1つ作成する必要がなく，簡単な手続で，一度の出願で複数の国に申請できる点です。

　詳しい制度の内容はここでは説明しませんが，2022年2月5日に中国がハーグ協定のジュネーブアクトに参加したことなど，国際的な取組みが進んでいるため，これらの制度を利用して海外での知的財産権取得を考えるのも良い選択と言えます。

6　グローバルビジネスにおける知的財産の役割のまとめ

　かつて，日本の企業は各国の特許出願件数で世界一の位置にあり，日本は知

財の面でも国際的にリーダーシップを取ってきました。しかし，最近では中国での特許出願件数が急に増え，日本を大きく上回るようになりました。グローバル化が進む中で，知財の大切さはますます高まっています。海外でビジネスをするときに，予期しないトラブルに巻き込まれないよう，知財にもきちんと注意を払う必要があります。

　このような状況を踏まえ，最近は海外での知財を上手く活用する日本企業も増えてきました。ただ守るだけでなく，積極的な知財戦略を進めることで，海外ビジネスも有利に進められると思います。グローバルな時代において，知財の大切さをしっかりと理解し，模倣から自社の製品やサービスを守るため，各国の知財システムに合わせた戦略を構築することが大切です。

第 7 章のまとめ

- 新たな製品やサービスを海外市場に展開する場合は，それぞれの国で知財について適切な対策を立てることが重要である。
- 海外進出の際には，知的創造物，営業標識，営業秘密の 3 つの知財が重要になる。
- 海外でビジネスを始める際に，展示会への出展，現地の代理店との商談，海外への商品等の輸出の各ステージで知財のリスクがある。
- 海外では従業員が転職しやすい傾向にあるので，技術情報や営業秘密の管理は，国内よりも重要になる。
- 海外で特許権，意匠権，商標権等を取得する際は，各国ごとに直接出願する方法と，特定の条約を利用して国際的に出願する方法とがある。

コラム7 コーポレートガバナンス・コードと知財

　2021年6月に東京証券取引所が公表したコーポレートガバナンス・コード（以下，CGC）の改訂版に知的財産に関わる項目が盛り込まれました。具体的には，知財への投資について，上場会社は自社の経営戦略や経営課題との整合性を意識しつつ，わかりやすく具体的に情報を開示し提供すべきであることが規定されました。また，知財への投資の重要性に鑑みて，取締役会は経営資源の配分や事業ポートフォリオに関する戦略の実行が企業の持続的な成長に資するよう，実効的に監督を行うべきであることが盛り込まれました。

　このようなCGCの改定を受け，翌年1月には「知財・無形資産の投資・活用戦略の開示及びガバナンスに関するガイドライン」（略称：知財・無形資産ガバナンスガイドライン）Ver1.0が公表されました。このガイドラインでは，知財のスコープを特許権や商標権，著作権といった知財権に限ることなく，技術，ブランド，デザイン，コンテンツ，データ，ノウハウ，顧客ネットワーク等として幅広く捉え，知財への投資を費用ではなく資産の形成という発想を持つことが重要であると説いています。また，ガイドラインにより，知財や無形資産の投資・活用のための5つのプリンシプル（原則）や企業がとるべき7つのアクションが示されました。2023年3月には，Ver1.0で提示した5つの原則，7つのアクションを堅持しつつも，企業と投資家との間の対話や情報開示の質を高めるためのコミュニケーション・フレームワークを提示したガイドラインVer2.0が公表されています。

　このように，無形資産を含む知財に対する投資の重要性が高まる中，上場企業の間で知財への投資や活用戦略の構築，実行が進められています。

　たとえば，旭化成株式会社では，同社が公表している「旭化成レポート 2022」の中で，知財インテリジェンス室を創設し，新規事業創出に向けて知財や無形資産の最大活用を行うことが述べられています。同レポートによれば，知財・無形資産活動の基本方針として，経営・事業方針にタイムリーに呼応すること，多様な自社の無形資産を最大化すること，IPランドスケープを最大限活用することの3点が挙げられています。

　具体的には，新規事業創出を見据えた知財・無形資産を活用したビジネス戦略検討例として，①公開情報から業界の技術トレンドを把握し，注目すべきプレーヤー（企業）を抽出し，②競合戦略ベンチマークとして注目企業の保有技術をIPランドスケープにより分析し，③自社の優位性を検証し，組むべきパートナー等を検討するという 3 つのステップでビジネス戦略を構築していくと述べられています。

　旭化成社に限らず，多くの企業で統合報告書やコーポレートガバナンス報告書にて知財への投資について自社の取組みを詳しく解説するケースが増えてきました。

　また，知財専門家が役員として取締役会に参画することにより知財への取組みを全社的に進めるケースもあります。第 1 章で述べた貝印株式会社の地曳氏は執行役員の立場から知財活動を行っていますが，知財人材が 1 人でも多く経営陣に食い込むことで，日本全体の知財のプレゼンスの向上につながり，ひいては，知財が主役の 1 つとして日本の国力強化を達成できると考えています。知財担当者が経営者として知財を推進することについて，地曳氏は以下のように述べています。

　「知財出身の取締役といえども全般経営者である以上は，狭く知財の課題だけを追うのではなく，全社的な課題に向き合う必要がある。個人的には，知財出身の取締役は，①全社的な課題を知財で解決する，②知財の課題を全社的な課題へ昇華させる，これら 2 つの力を，取締役会など社内の意思決定の場にて発揮することで，他の役員とは差別化された有益な存在として機能できると考えている。それらの力は，1）狭く『知財＝知財権』と捉えるのではなく，『知財＝差別化された情報財』ぐらいに，緩く，広く捉え，2）それらの創造・保護・活用について，いつ，どこで，だれが等の 5 W 1 H で常に思考し続けることを，常日頃から実行することで養われると考える。そのために，自分自身が範をみせつつ，社員への指導と教育を行っていくことが肝要である。経営者としての有益な全社課題への提案も，実はこうした日頃からの泥臭い知財活動から生まれている。」

　これらの動きを踏まえ，これからの時代は企業の経営においてイノベーションを推進するべく知財の重要性がますます高まると考えられます。

第 **8** 章

知財とSNS上での炎上

1　SNS時代の知財トラブルについて

　近年，SNSをはじめとするオンライン上での知財に関するトラブルや炎上が増えています。最近でもある個人が「ゆっくり茶番劇」という言葉の商標権を取得したことがSNSで大きな話題となりました。多くの人々がYouTube等でこの言葉を当たり前のように使用していたため，商標権の取得に対する批判が相次ぎました。また，無関係の第三者が商標権を取得するケースに限らず正当な商標権や特許権を持つ権利者がたとえばライセンス契約を求める内容の文章をSNSに投稿することで，不必要な炎上を引き起こすこともあります。

　これらの炎上の背景には，一般の人々の知財に関する知識の不足があると言われています。知財に関する知識が不十分な人々も多い現代社会において，たとえ正当な権利者であってもSNSでの発言には十分な配慮が必要です。知財に関する正確な知識を持つことはもちろん，それをどのようにコミュニケーションするかも非常に重要な時代になりました。権利者側も，一般の人々の理解を得るための努力が求められるようになったといえるでしょう。

　それでは，最近発生した事例を詳しく探るとともに，SNS上での知財関連の炎上を避けるための具体的な対策法について検討します。

2　商標権をめぐる問題について

　商標権は，実際に商品やサービスを提供している企業や個人だけでなく，関係のない第三者でも取得することができます。たとえば，ある有名なブランドやキャラクターの名前を，関係のない第三者が先に商標として登録してしまうことが考えられます。このような行為は「商標の乗っ取り」とも呼ばれ，多くの場合，SNSなどで大きな注目を集め，炎上の原因となります。たとえば，平昌冬季五輪で女子カーリングの日本代表メンバーが休憩時間にリラックスして会話する際に発していた「そだねー」という言葉が流行語になりましたが，この「そだねー」という言葉を北海道の大手菓子メーカーが商標出願していたことが判明するとSNSを中心に非難する声が上がりました。なお，「そだねー」の商標登録出願は他にも2つの法人より行われましたが，すべて特許庁により拒絶されています。

　一般の人々は，ある言葉や名前が特定の企業や個人と強く結びついていると認識しているため，それを第三者が権利として取得することに違和感を覚えるといえます。特に，その第三者が商標権を悪用して，本来の権利者や消費者に対して不利益をもたらす場合，SNS上での非難はさらに高まります。

　このような背景から，商標権の取得には慎重な判断が求められます。第三者が無関係な商標権を取得することは，法的には可能であっても，社会的な評価や影響を考慮すると，その行為が問題視されることが多いといえます。

　ただ，最近では正当な商標権の権利者であってもSNSで炎上するケースが問題となっています。2023年夏，「AFURI（あふり）」という名前をめぐって，老舗の酒造メーカー「吉川醸造」と，人気ラーメンチェーン店「AFURI」との間で商標権をめぐる紛争が発生しました。

　ラーメンチェーン店のAFURI社は，2001年に阿夫利山の麓である神奈川県厚木市七沢にラーメン店「ZUND-BAR」をオープンし，その後に東京をはじ

め全国に20を超える店舗を展開しています。同社のウェブサイトによれば，社名の由来として，阿夫利山の麓から湧き出る清らかな天然水でスープを仕込んでいることから，「AFURI」と名付けたとのことです。また，ラーメン以外にもさまざまな多角的事業を行うべく，「AFURI」「あふり」等の言葉についてさまざまな指定商品，指定役務で商標登録出願を行っており，その中には酒類（清酒）を指定商品とするものもありました（商標登録番号第6245408号）。同社は2017年からアメリカで日本酒を提供してきましたが，新事業の一環として日本国内で日本酒事業への進出を図っており，すでに国内外の数店舗にて「AFURI」ブランドの日本酒の提供を開始しているとのことです。

　一方，日本酒の醸造や販売を行う吉川醸造社は大正元年に創業した100年以上の歴史を持つ酒造であり，丹沢大山の古名「あめふり（あふり）山」と，酒造の神を祀る大山阿夫利神社にちなんで命名した「雨降（あふり）」を醸造・販売しています。同社が販売する日本酒のラベルに，雨降山を意味する「雨降」という漢字とともにAFURIというローマ字が使用されていました。ここで問題を難しくしているのは「雨降」という漢字の表記については吉川醸造社により商標権が取得されているのに対し，AFURIというローマ字についてはラーメンチェーン店のAFURI社が商標権を取得しており，権利関係が錯綜していることです。

　ラーメンチェーン店のAFURI社は，吉川醸造による日本酒の販売行為はAFURI社の商標権を侵害するとして，「AFURI」の使用を中止するよう吉川醸造社と交渉を行いました。しかし合意に至らなかったため，AFURI社は提訴に踏み切りました。

　このことを吉川醸造社がウェブサイトでプレスリリースを発表すると，SNS上では商標権の権利者であるAFURI社に対して大きな非難が沸き起こりました。世間の反応として，ずっと昔から日本酒を醸造・販売していた吉川醸造社に対し，ラーメン事業が主体で設立からの年数も短いAFURI社が日本酒の販

売で喧嘩を売ったと捉えられてしまい，傲慢だと感じられるようになってしまったのも一因かと思われます。法律上はAFURI社の行為に何ら問題はなく，同社が「AFURI」の商標権を取得することも，取得した商標権に基づいて吉川醸造社を提訴することも，知財の世界では当然の行為であると受け止められています。しかしSNS上で批判を浴びることになってしまいました。

　両社の争いは裁判の場に持ち込まれ，これから審理が行われますが，正当な商標権の権利者がSNS上で炎上する今回のケースは，今後の知財のあり方を考える上でも示唆に富むものとなっています。商標権は単なる文字や図形といった標章を守るのではなく，本質的には標章を使用し続けることにより得られる信用を保護するものであり，言い換えると，商標は企業努力で積み重ねられた信用が化体したものであるといえます。世間的には吉川醸造社が醸造・販売する日本酒は，その歴史の長さから，AFURI社が販売する日本酒よりも一般大衆の信用が大きく，信用度の差からそのような相手に商標権侵害で販売の差止めを求めることが世間的に受け入れられなかった可能性があります。もし仮にAFURI社が日本国内で日本酒の販売を数年間続け，プレスリリース等を活用することにより認知度を高めていれば，ここまで批判されることもなかったのではと思われます。

　一方，吉川醸造社も自社が販売する商品やサービスについては，たとえ長年の販売の実績があっても商標調査をしっかりと行い，必要に応じて先に商標登録出願を行っておく必要があったといえます。最初に述べたように，商標権は実際に商品やサービスを提供している企業や個人だけでなく関係のない第三者でも取得することができるため，先手を打つことで不必要な紛争に巻き込まれないようにすることが望ましいのです。

3　ソフビ人形の特許がSNSで炎上

　2023年の夏から秋にかけて，ソフビ人形の特許がSNSで炎上し，大きな話題を呼びました。ソフビはソフトビニールの略語であり，ソフビ人形はポリ塩化

ビニルを金型に流し込むことにより形成される人形です。中身が空洞になっており，フィギュアと比べると非常に軽く，身近な例ではキューピー人形などがあります。このようなソフビ人形について，人形の中に未固定の磁石を入れてその磁石と吸着する材質でできたリボン等のパーツを人形の外側から合わせることにより，パーツを自由に動かして遊べるようにするという特許を個人が取得しました（特許第7336810号）。

[図表8-1] ソフビ（ソフトビニール）人形

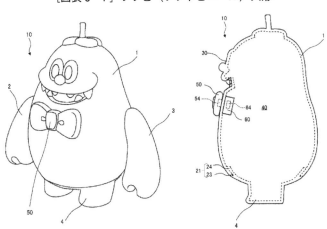

出所：特許第7336810号の図面

その後，特許を取得した権利者がSNSで特許権の取得を報告するとともに，特許発明を実施する者に対してライセンスを求める旨の記事を載せたところ，多くの疑問や批判が寄せられることになりました。なぜならば，このようなアイデアはすでにソフビ人形の業界やファンの間では広く知れ渡っており，いわば当たり前のようなアイデアを独占しようとしていると世間では捉えられたからだと考えられます。

　特許を取得する際には，そのアイデアが新しいものであり，かつ従来技術から容易に思いつかないものである必要があります。すでに知られているアイデ

アや，たまたま似ているだけのアイデアは特許の対象にはなりません。ただ，特許の審査過程で，審査官が世の中にあるすべての技術情報を確認するのは難しいため，時として新規性や進歩性がないアイデアも特許として認められてしまうことがあります。そのような特許も第三者が後から特許庁に異議申し立てを行って無効にすることができますが，すでに成立している特許権を無効にするためには数十万円程度の費用がかかるのがネックとなります。

　SNSでの炎上を受けて，特許権を取得した個人はこの特許権を放棄する旨を表明し，権利放棄の申請書が提出されました。このような特許権の放棄について，ソフビ人形の業界やファンからは高く評価される一方，知財専門家の間からは正当な法律上の手続を経て特許権を取得した人が，法律ではなくSNS上の炎上といういわば私刑によって潰されたのは悪しき前例になると問題提起がなされています。

　この炎上ケースから得られる教訓としては，特許権を取得するにあたり，特許庁の審査官が世の中のありとあらゆる技術情報を参照して審査を行うのは現実的には難しく，すでに世間で知られているものであっても審査をクリアしてしまうおそれがあることが挙げられます。また，本書では触れませんでしたが，特許明細書の書き方によってはすでに世間で知られている技術に似たようなものであっても特許権を取得できるテクニックがあります。特許権について炎上が起きるのは，このような，いわば当たり前の技術について独占排他権が発生した場合が多いのではないかと思われます。

　また，特許権者がライセンス契約を第三者と結ぶ場合でも，SNSで不特定多数に呼びかけるのは思わぬ世間の反発を招く可能性があります。特許権を取得する際には，将来どのように特許を活用するかについて，出願申請のときから青写真を描き，独占排他権として他社を市場から排除するために活用するのか，ライセンス契約による収入を期待するのか，ある程度明確化しておくことが望ましいといえるでしょう。

第 8 章のまとめ

- 近年，SNS等のオンライン上での知財に関するトラブルや炎上が増えている。
- 特許権や商標権等の権利者も一般の人々の理解を得るための努力が求められる時代になった。
- 第三者が無関係な商標権を取得することに違和感を覚える人が多く，炎上の要因となる。
- 正当な商標権者であっても信用が化体していない場合は歴史ある企業と争いになったときにSNSで批判される場合がある。
- 新規性や進歩性がないアイデアも特許権の登録が認められてしまう場合があり，業界では当たり前の技術が特許権で独占されてしまうと反感を受けるので気を付ける必要がある。

コラム8　知財専門家との顧問契約のススメ

　知財の重要性を理解している企業は増えてきていますが，それでもまだまだ関心がない中小企業やスタートアップ，ベンチャーが数多く存在します。一度トラブルに巻き込まれて痛い目に遭わなければ，真に知財の意識が生まれないという話も知財関係者の間ではよく聞きます。

　企業が知財のトラブルに巻き込まれるケースとしてよくあるのが，商標の問題です。オンライン商標出願サービスであるCotoboxで商標登録出願を行った方のうち，約3割が過去に商標にまつわるトラブルに巻き込まれたというアンケート結果があります*。トラブルの内容として，「自社の製品やサービスと全く同じまたは類似する模倣品を見つけた」「商標を真似された」「他社に勝手に商標権を取られてしまった」等が挙げられています。企業を運営する中で，このような知財のトラブルは商標に限らず，特許や意匠，著作権等でも発生する可能性があります。

　それではこのような知財トラブルに巻き込まれるのを未然に防ぐ方法はあるでしょうか？　大企業であれば法務部や知財部が知財トラブルに巻き込まれないようにするために，知財に関する整備を行いますが，人的リソースが限られる中小企業やベンチャーでは専任の知財担当を社内に置く余裕がないケースもあります。このような場合，弁理士や知財に詳しい弁護士等の外部の知財専門家と顧問契約を結び，定期的にアドバイスをもらうのも1つの解決方法です。

　顧問契約のメリットの1つに，定期的に知財専門家とミーティングを行うことにより，企業の経営者や開発の責任者が気付いていなかった知財リスクを事前に発見できることがあります。近年はコンプライアンスの遵守の要求が高まる中，不用意な言動により思わぬトラブルに巻き込まれたり気付かないうちに危機に陥ったりすることも少なくありません。何気ない会話から知財専門家がこのようなトラブルの芽を発見することにより，大ごとになってしまうことを防止することができます。

　また，製品やサービスの開発者が当たり前のように思っていることでも実は特許出願を行う価値があるようなアイデアもあります。このようなアイデアも普段

は見過ごしてしまうところ，顧問契約を結ぶことによって知財専門家と定期的な情報交換を行うことにより，実は特許権を取得できる道筋があったというケースもあります。スポットで弁理士に特許出願を依頼する場合は，アイデアが発明として成立していることを企業の担当者があらかじめ認識しておく必要がありますが，ふと頭に浮かんだアイデアを発明として特許出願できるか否かの判断を気軽に問い合わせられるのも顧問契約のメリットといえるでしょう。

さらに，顧問契約を締結することにより，知財専門家に競合他社の知財に関する動向を継続的にチェックしてもらうこともできます。競合他社の新規に公開された特許公開公報を継続的にウォッチングすることにより，ライバルの開発状況を把握して対策を立てることができるようになります。このような競合他社のウォッチングは，企業内でも行うことができますが，特許調査用の担当者を置く必要があり，そこまでの人的な余裕がない場合は外部の専門家に委託するのも1つの方法です。

もし実際に知財に関する紛争に巻き込まれてしまった場合でも，その時点で外部の専門家に対応を依頼して一から事情を説明するよりも，社内の事情を把握している顧問の専門家なら迅速かつ的確な対応を取ることができ，ダメージを最小限に抑えることができます。

このように，知財専門家との顧問契約は，とりわけ社内に知財部や専任の知財担当者がいない中小企業やベンチャーにとって，将来の知財トラブルを未然に防止するために非常に重要なものとなります。これによって，企業は自らの知財を守りながら，競争上の優位性を維持し，ビジネスの拡大に集中することができるようになるでしょう。

＊　https://corp.cotobox.com/news/questionnaire/

おわりに

　この度は，「ふわっとしたアイデアからはじめる　新規事業を成功させる知財活用法」を手に取っていただき誠にありがとうございます。本書が，新しいアイデアから新規事業の創出を行う際に少しでも皆様のお役に立てることを心より願っています。新規事業やイノベーションの創出は容易なことではありませんが，知財戦略をしっかりと持つことで，多くのアイデアが具体的な形になると信じています。

　私事ですが，新型コロナウイルス感染症が世界で爆発的に広まり最初の緊急事態宣言が出された2020年の6月に，私は弁理士法人IPXの代表弁理士CEOである押谷昌宗さんと2人で「知財実務オンライン」というYouTube番組を始めました。この番組では週に1回知財業界の第一人者を招き，2人の司会者とのディスカッションに加え，視聴者の皆様からのリアルタイムのご質問にも答える「相互」スタイルのウェビナーとなっています。本書では，知財実務オンラインでさまざまな知財業界の方から提供していただいた有益な情報から，新規事業の創出を知財面から行っている方のお話を中心にまとめました。本書では紹介できなかったさまざまなトピックについてもゲスト講師によりご講義いただいておりますので，知財実務オンラインで公開されているアーカイブ動画をご覧いただければ幸いです。

　その後，2021年4月には現在運営している日本橋知的財産総合事務所を開設し，中小企業やベンチャー，スタートアップ向けに知財面でのサポートをさせていただく機会が増えましたが，衰退途上国といわれる日本でもイノベーションの火は消えておらず，新規事業の創出に向けて新しいアイデアが次から次へと生み出されていることを実感しています。しかし，そのアイデアがビジネスとして社会に実装され，世間の人々がその恩恵を享受するに至るまでにはさまざまな高いハードルがあるのも事実です。

　本書は，そのようなイノベーションを起こそうとする個人や企業にとって，

新規事業のもととなるアイデアの創出方法や，生まれたアイデアを知財でどのように保護するかについて最新の事情を踏まえながら解説しました。バブル崩壊後の90年代初頭から現在までの日本経済の停滞は「失われた30年」と言われますが，日本の未来のためにも新たなイノベーションの社会実装によってより良い社会が到来することを願っています。

今回，このような知財戦略に関する書籍を出版するにあたり，多くの方々にお世話になりました。出版のお声がけをいただき，編集を担当していただいた株式会社中央経済社の阪井あゆみさんからはさまざまな助言や励ましの言葉をいただきました。はじめて単著を出版するにあたり，阪井さんのサポートがなければこの一冊を仕上げることができなかったと思います。

また，本書を執筆するにあたり，松本特許事務所代表の松本文彦さん，株式会社カプコンの奥山幹樹さん，知財図鑑編集長の荒井亮さん，株式会社フューチャーアイのCEO兼弁理士兼発明家である塚本豊さん，TechnoProducer株式会社代表取締役CEOの楠浦崇央さん，貝印株式会社取締役上席執行役員知財・法務本部長CIPO兼CLOの地曳慶一さん，パテント・インテグレーション株式会社代表取締役CEOの大瀬佳之さん，amplified AIの追川康之さん，Tokkyo.Ai株式会社取締役COOの平井智之さん，株式会社知財の楽校代表取締役社長の玉利泰成さん，田中彩諭理さん，株式会社知財塾代表取締役の上池睦さんには多大な協力をいただきました。ありがとうございました。

そして，最後にこの書籍を手に取り，最後までお読みいただいたすべての方々への感謝の気持ちを込めて，このあとがきを締めくくります。

本書が皆様のビジネスの成功の一助となることを心より願っております。

2024年4月吉日

加島　広基

参考文献／参考資料

- 鮫島正洋『技術法務のススメ：事業戦略から考える知財・契約プラクティス〈第2版〉』日本加除出版，2022年
- 楠浦崇央『新規事業を量産する知財戦略：未来を預言するアイデアで市場を独占しよう！』パブフル，2021年
- 田所照洋『オオカミ特許革命：事業と技術を守る真の戦略』技術評論社，2021年
- 鈴木健二郎『「見えない資産」が利益を生む：GAFAMも実践する世界基準の知財ミックス』ポプラ社，2023年
- 出村光世『妄想と具現：未来事業を導くオープンイノベーション術DUAL-CAST』日経BP，2023年
- 吉野彰『リチウムイオン電池が未来を拓く：発明者・吉野彰が語る開発秘話』シーエムシー出版，2016年
- 特許庁ウェブサイト
- 経済産業省ウェブサイト
- 首相官邸ウェブサイト

YouTube番組

- 知財実務オンライン（第9回）井上拓「NDA（秘密保持契約）のすべて」
- 知財実務オンライン（第47回）地曳慶一「"庶民派"のIPランドスケープ活動を中心とした「社内知財コンサルティング」と経営に資するための「目指すべき企業知財人財」」
- 知財実務オンライン（第52回）楠浦崇央「新規事業を量産する知財戦略〜未来を預言するアイデアで市場を独占しよう」
- 知財実務オンライン（第56回）塚本豊「特許強化戦略〜発明創出から侵害訴訟までの全極意〜」
- 知財実務オンライン（第98回）北原悠樹「AI関連発明に関する特許実務」
- 知財実務オンライン（第139回）奥山幹樹／荒井亮「次世代型チザイブを目指したオープンイノベーション術」
- ふみひこ松本の特許ですべらない話　松本文彦「他社技術パクリのススメ〜弁理士がおすすめする合法的に他社の技術・ノウハウをパクる方法とは!?〜」

【著者紹介】

加島 広基（かしま・ひろもと）

日本橋知的財産総合事務所 代表弁理士。
1999年東京大学工学部卒業，2004年弁理士登録。2021年に日本橋知的財産総合事務所を設立し，現職に至る。
弁理士法人IPXの押谷昌宗弁理士と共同でYouTubeにて「知財実務オンライン」の配信を毎週行っており，知財コンテンツの情報発信や専門家コミュニティの形成に努める。
特許庁のI-OPEN PROJECTやIPAS事業に参画し，イノベーションを起こそうとする企業を知財面から支援。
近年はスタートアップ・ベンチャー企業等のIT・ソフトウェア系の特許出願業務や知財コンサル業務を精力的に行っており，2024年3月には数多くのITスタートアップ支援実績が評価され特許庁第5回IP BASE AWARD スタートアップ支援者部門の奨励賞を受賞した。

ふわっとしたアイデアからはじめる
新規事業を成功させる知財活用法

2024年6月10日　第1版第1刷発行

著　者	加　島　広　基	
発行者	山　本　　　継	
発行所	㈱中央経済社	
発売元	㈱中央経済グループパブリッシング	

〒101-0051　東京都千代田区神田神保町1-35
電話　03 (3293) 3371 (編集代表)
　　　03 (3293) 3381 (営業代表)
https://www.chuokeizai.co.jp

©2024
Printed in Japan

印刷／文唱堂印刷㈱
製本／㈲井上製本所

＊頁の「欠落」や「順序違い」などがありましたらお取り替えいたしますので発売元までご送付ください。（送料小社負担）

ISBN978-4-502-50091-6　C3032

好 評 既 刊

顧客経験価値を創造する

商品開発入門

高橋 透 ［著］

A5判・ソフトカバー・264ページ

本書の目次

中央経済社